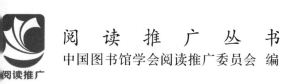

阅 读 推 广 丛 书

中国图书馆学会阅读推广委员会 编

科普阅读推广优秀案例集

穆红梅　主编

国家图书馆出版社

图书在版编目（CIP）数据

科普阅读推广优秀案例集 / 穆红梅主编 . — 北京：国家图书馆出版社，
2019.9

（阅读推广丛书）

ISBN 978-7-5013-6854-9

Ⅰ . ①科… Ⅱ . ①穆… Ⅲ . ①图书馆－读书活动－案例－中国
Ⅳ . ① G252.17

中国版本图书馆 CIP 数据核字（2019）第 195137 号

书　　名	科普阅读推广优秀案例集
编　　者	穆红梅　主编
责任编辑	邓咏秋
编辑助理	张晴池
封面设计	程言工作室

出版发行　国家图书馆出版社（北京市西城区文津街 7 号　　100034）
　　　　　　（原书目文献出版社　北京图书馆出版社）
　　　　　　010-66114536　63802249　nlcpress@nlc.cn（邮购）
网　　址　http://www.nlcpress.com
排　　版　九章文化
印　　装　北京市金康利印刷有限公司
版　　次　2019 年 9 月第 1 版　2019 年 9 月第 1 次印刷

开　　本　710×1000（毫米）　1/16
印　　张　19
字　　数　293 千字

书　　号　ISBN 978-7-5013-6854-9
定　　价　85.00 元

序

经过两年的案例征集、评选和分享，半年多的整理和编写，《科普阅读推广优秀案例集》即将由国家图书馆出版社出版。这本案例集凝结了中国图书馆学会阅读推广委员会科普阅读推广专业委员会全体委员的辛劳，汇集了各级各类图书馆科普阅读推广工作成绩的精粹，浓缩了科普阅读推广专业委员会十年来的努力工作和辛勤耕耘。科普阅读推广专业委员会肖佐刚主任委托笔者为此案例集写一个序，作为阅读推广委员会分管科普阅读推广专业委员会的副主任，我义不容辞。

2009年9月，中国图书馆学会科普与阅读指导委员会在苏州换届，更名并成立"中国图书馆学会阅读推广委员会"（以下简称"阅读推广委员会"），下属专业委员会从6个扩编为15个，"科普阅读推广专业委员会"作为专业委员会应运而生。从这个渊源出发，不难看出科普阅读推广工作在图书馆阅读推广中的地位。

十年来，科普阅读推广专业委员会开展了大量的工作，也承担了阅读推广委员会的一些重大活动，如2012年6月与太仓市图书馆联合承办了全民阅读论坛。从业界阅读推广工作的整体来看，大多数图书馆的科普阅读推广活动在阅读推广总量中占比不大，存在着短板现象。针对这种情况，科普阅读推广专业委员会一方面倡导和推动各委员所在图书馆积极开展工作，为全国同行开展科普阅读推广活动做示范；另一方面于2016年起策划并组织了"科普阅读推广案例征集活动"，面向全国各级各类图书馆征集科普阅读推广优秀案例。第一届案例征集活动共收集到100多个案例，涉及70余家图书馆，经过专家小组评审，选出一等奖3名、二等奖5名、三等奖7名、优秀奖10名，并在长沙举办的 2017 年全民阅读论坛上进行了案例分享和现场点评，受到参会代表的充分关注。在此基础上，科普阅读推广专业委员会于 2017 年底再接再厉，举办了"第二届科普阅读推广案例征集活动"，收到来自全国 10 余省（市）80家图书馆提交的 81 个案例，经委员会组织专家初评、复评、终评，最后选出一等奖 6 个、二等奖 6 个、三等奖 8 个、优秀组织奖 1 个，并于 2018 年 9 月在秦皇岛举办了科普阅读推广案例分享专题研讨会。

为了让这些优秀案例能够被全国同行借鉴，科普阅读推广专业委员会组织编写了这本《科普阅读推广优秀案例集》。全书共收录全国各级各类图书馆中的 43 个优秀科普阅读推广案例。其中 42 个案例来自以上两届征集活动产生的获奖案例，另有一个特邀案例。这些案例主要包括四个方面内容：一是科普文献资源建设与管理；二是科普阅读推广的目标人群选择；三是科普阅读推广活动的设计、形式和组织；四是图书馆与社会力量的项目合作。这些案例采用讲座、展览、馆藏文献推荐、夏令营、科学小实验等多种形式，吸引了各个目标人群的参与。一等奖案例还邀请专家撰有精彩点评。认真阅读和剖析这些案例，我们应该可以在这几个方面有所启迪和借鉴：

一是把握科普阅读推广的目的。图书馆的科普阅读推广与其他机构（如科协）的区别之一在于借助和推荐馆藏文献。通过阅读推广活动向读者传授科学知识，同时推荐相关的馆藏文献资源，激发读者的兴趣，便于读者有效选择文本，吸引读者利用图书馆。这是图书馆阅读推广最主要的目的。

二是注重科普阅读推广活动的专业设计。在设计科普阅读推广活动时，要以现代图书馆理念为引导，充分利用图书馆的空间和资源，体现图书馆的专业性。在开展科普阅读推广工作时，要注重多种活动形式的结合，如科普讲座可结合设立图书专架，推荐相关主题书目，组织作者签名，举办相关科学知识的展览，开展科学实验的体验活动，等等。这是图书馆开展阅读推广工作的优势，是与其他机构阅读推广工作的另一个区别，也是图书馆成为推动全民阅读主力军的原因所在。

三是科学选择科普阅读推广活动的形式。本书中的 43 个案例形式各异，但大多数注重活动目的、理念、需求、受众、资源等各个要素之间的衔接，发挥图书馆的专业优势来整合各个要素，从而科学地确定活动的形式，使活动兼具专业特性和创意亮点，并使读者乐于参与和体验。

　　四是注重打造科普阅读推广活动的品牌。一个科普阅读推广项目一经推出，一般都是长期开展、周期性重复，不断完善，因而在设计时就要考虑品牌的建立，以扩大活动的知名度和影响力。本书中的许多案例都有这样的优点，这其实也是图书馆阅读推广的重要特征。

　　科普阅读推广是图书馆服务的重要内容，也是激发读者（特别是儿童）阅读兴趣、吸引读者利用图书馆的重要手段。美国皇后图书馆投资 2000 多万美元建设的儿童发现中心，将图书馆、科技馆、博物馆等功能融合在一起，以科学体验激发孩子的阅读兴趣，是科普阅读推广很好的创意和范例。事实上，许多图书馆已经提供了科普阅读推广的服务（活动），如科普宣传日活动、科普文献的书目推荐、科普知识的讲座和展览、检索技能的培训、阅读方法的传授、创客空间的提供，等等，但可能由于认识偏差或其他原因，没有参与科普阅读推广优秀案例的评选。如果通过科普阅读推广专业委员会的工作以及本书的出版，能够为同行厘清一些思路，激发一些创意，提供一些借鉴，做大做好科普阅读推广，进一步推动图书馆事业的发展和全民阅读，则善莫大焉。

　　是为序。

邱冠华

2019 年 7 月

目　录

三等奖

优秀奖

第二届科普阅读推广优秀案例

一等奖

二等奖

三等奖

特邀案例

第一届科普阅读推广优秀案例

立足科普　传承乡土

——北京历史文化科普讲座十年推广路

王海茹（首都图书馆）

一、案例概况

"首图讲坛·乡土课堂"是首都图书馆于2003年1月4日创建的讲座品牌，该品牌立足北京乡土题材，每周六上午9:30，准时为北京市民奉上一道"文化大餐"，十余年来从未间断。截至2016年7月，"乡土课堂"已成功策划举办讲座637期，直接接待听众十余万人次。凭借鲜明的定位，浓郁的京味文化特色，以及生动鲜活的选题，"乡土课堂"受到北京市民的热烈欢迎，成为北京最具特色的品牌讲座。

"乡土课堂"是北京历史文化科普系列讲座，以向市民普及北京历史文化知识为宗旨，讲座内容体现了鲜明的京味儿特色和博大精深的文化内涵。它从北京的先农坛讲到鸟巢，从建城讲到建都，从帝王之家讲到胡同四合院。它带领市民穿梭于古今之间，徜徉于北京的街头巷尾，陶醉于独特的京味文化之中。人们通过讲座更加生动、深刻地认识了北京的民间风俗、地理变迁、文物珍品、名胜古迹、人文足迹。"乡土课堂"不但在北京市民中普及北京历史地理文化知识，更弘扬科学精神，传播科学思想，倡导科学方法。

二、案例亮点

（一）讲座选题系列化、主题化，促进品牌发展，提升品牌形象

"乡土课堂"围绕社会热点和文化现象，适时策划和推出系列化、主题化讲座。2009年1月31日，是北平和平解放60周年，"乡土课堂"特意在年初安排了"解密尘封档案，揭开历史帷幕——纪念北平和平解放60周年主题讲

座"，邀请党史研究专家与市民听众一同解读刚刚解封的一些史料档案，回顾60年前那段波澜壮阔、又多不为人知的历史岁月。这一讲座一经推出就备受欢迎，读者纷纷写信、留言，表达自己的听讲感悟和对讲座的喜爱。随后，"乡土课堂"继续从读者需求出发，以人民群众的文化需求为核心，紧跟时代步伐，不断探索和开拓新主题、新形式，增强"乡土课堂"的生命力和影响力，相继策划推出了"走进故宫"、"寻找天桥"、"博物馆之旅"（自然博物篇、古建篇、文化艺术篇）、"国之重宝"、"古代生活"、"皇家园林"等十余个大型主题系列讲座。系列讲座的出现，有效提升了听众获取知识的连贯性、深入性，使"乡土课堂"这一品牌深入人心。

（二）以多元化、立体化的形式对市民进行历史文化科学普及

"乡土课堂"并不局限于"讲"和"听"，还带领听众走出图书馆，与讲座主题中的人和事"面对面"。在"追寻北京文明的足迹"及"博物馆之旅——自然科学篇"系列讲座结束后，"乡土课堂"通过网络筛选和现场邀请的方式选出部分听众，并带领他们前往李大钊故居、鲁迅故居、中国地质博物馆及北京天文馆进行免费实地参观。通过专业讲解员的详细介绍，听众对讲座主题及内容有了更加深入的了解，有效提升了他们继续学习、探索讲座主题相关知识的兴趣。

此外，该项目根据主题讲座打造同主题大型展览，通过这种方式有效地增加了讲座的知识性，为读者形成系统知识认知提供帮助。2013年，首都图书馆推出的"京都华彩——纪念金中都建城860周年"主题展览，便是根据"史说北京"讲座内容策划而成的。展览着重选取金、元、明、清四个朝代的资料，配以大量珍贵的历史图片，从城市建设与文化发展角度，为观众生动形象地讲述了北京作为都城的文明发展进程，赢得了媒体及市民的广泛关注和一致好评。

（三）开发衍生产品，深化讲座服务成果，提升讲座系统性、完整性

通过录制编辑讲座视频、结集出版相关图书等方式，深化讲座服务成果，提升讲座传播影响力。自2008年以来，"乡土课堂"向全国文化信息资源共享工程国家中心上传达到播出标准的400余场讲座的视频，无论是在数量还是在质量上，都是里程碑式的发展。近年来，"乡土课堂"还根据讲座内容，结集出版了《漫步北京历史长河（上、下）》《史说北京》《听道》等6本图书。在该品牌创建5周年、10周年等重要时间节点上，"乡土课堂"也制作了讲座延

伸推广产品。讲座图书《熟悉·陌生　北京城》和极具北京传统文化特色的纪念明信片，都赢得了热心听众的喜爱，有效促进了讲座知识的再次传播，并提升了讲座的系统性、完整性。

（四）组织开展互动交流活动，丰富讲座品牌内涵

"乡土课堂"在每年的首个周六，都会举办新年开讲仪式暨新闻发布会活动，向听众公布全年讲座选题、主要内容及年度特色。开讲仪式上还会配合当年主题，邀请具有北京特色的表演团队，为听众带来难得一见的老北京文艺演出。其中，"智化寺"京音乐、北京曲剧、天桥杂耍等，不仅为市民提供了了解北京文化艺术的机会，更增加了大众对北京文化艺术的兴趣。

为了进一步提升品牌影响力和人文感召力，"乡土课堂"于2008年和2013年，分别策划推出了5周年、10周年纪念活动，通过举办征文比赛、文化表演的形式，与忠实听众共同回忆"乡土课堂"的发展历程。这些活动不仅体现了北京市民对"乡土课堂"及北京文化的支持与热爱，同时也使"乡土课堂"这一讲座品牌更加生动、更加立体、更加丰富。

三、实施要点

（一）加强与研究机构、大专院校合作，保证品牌的专业性、学术性

"乡土课堂"讲座品牌的长久发展，离不开合作机构的贡献。北京市社科联、北京史研究会是开展与北京历史文化相关学术研究、知识普及、文化交流的专业研究机构。为了保证"乡土课堂"的专业性，促进品牌长久发展，首都图书馆与北京市社科联、北京史研究会开展合作，邀请专家讲师团走进图书馆开坛设讲，在为社会大众普及历史文化知识的同时，也为相关领域研究人员提供了成果展示的平台与机会，此外，还提升了讲座的科学内涵。同时，为了拓展讲座类型，让更多领域的知识走进"乡土课堂"，首都图书馆陆续和北京文史研究馆、首都师范大学、北京考古学会、北京博物馆学会等多家研究机构建立了合作关系。合作机构的不断丰富，讲师队伍的不断壮大，为"乡土课堂"的可持续发展提供了保障。

（二）加强讲座举办各个环节的规范性操作和人性化服务

在"乡土课堂"举办之初，如何让学术研究与读者需求相结合，是主办方重点研究的方向。为此，讲坛设立了读者调查环节，通过边讲边调研的方式，

了解听众需求点和兴趣点，再加强与主讲嘉宾的沟通，促成讲座不断产生优质选题。同时，通过不断完善组织实施环节，保障每一场讲座的举办质量。从选题策划、与主讲嘉宾沟通对接、海报、宣传页等宣传品设计、各渠道讲座信息发布，到主持接待、现场秩序维护、读者服务，再到讲座后期的音视频审核制作等，工作人员均按照讲座相关规定，逐一完成复杂和烦琐的工作流程，把慎重与细致渗透到每一个环节。

四、总结

"乡土课堂"定位准确、主题鲜明、特色突出，凭借免费听讲的公益性质、专家主讲的权威品质、细致严谨的组织策划，带给读者如沐春风的感受，赢得了良好的社会口碑。"乡土课堂"将继续利用自己独特的地域文化定位、首都图书馆北京地方文献的资源优势，以及首都地区的学术人才资源，通过精彩的讲座以及相关活动与产品，不断激发北京市民对传统文化的兴趣与热爱，为建设人文北京贡献力量。

图 1 "博物馆之旅——自然科学篇"之现场参观活动：走进天文馆，图为北京天文馆讲解员为读者讲解太阳内部构造

图 2　"考古探秘"系列讲座现场

☞ 点评与启示

　　一个阅读推广项目，多种形式、立体推送，在 13 年中举办了 637 期，有十多万读者现场参与，说明了这个项目具有旺盛的生命力、巨大的影响力，已经成为北京市读者心中的品牌。

　　一个优秀的图书馆阅读推广项目，应该具备三个特征：一是活动的长期坚持，周而复始，形成品牌，读者参与意愿强烈；二是充分利用和推荐馆藏文献；三是活动的形式和内容体现图书馆专业，能够通过活动提升读者的阅读兴趣和利用图书馆的预期。"立足科普，传承乡土"很好地展现出了这些特征。

　　这个案例是一个广义的科普阅读推广项目，因为狭义的"科普"一般对应于"科协"这个机构，主要是指自然科学知识的普及。而事实上，图书馆的科普阅读推广应该从广义出发，地方文献推送、科普书目推荐、亲子阅读知识传授、读写能力培训、阅读方法指导等是另一种科学知识的普及。因此，本案例还从另外一个角度为图书馆同行的科普阅读推广打开了一扇窗户，提供了借鉴。

　　——中国图书馆学会阅读推广委员会副主任、苏州图书馆原馆长　邱冠华

"I·金图"助推科普数字阅读

张　恺（金陵图书馆）

科普数字阅读的平台既有科协自有平台，也有图书馆的数字科普资源平台，两者的结合就是我们的努力方向。金陵图书馆与南京市科学技术协会近年来发挥各自优势，在建设科普信息与全民阅读融合平台方面进行了有益尝试，下面我们把这个案例分享给大家。

一、活动简介

金陵图书馆利用馆藏数字资源，包括维普、万方、CNKI等科普类期刊全文数据库资源和知识世界科普视频资源等，依托"I·金图"数字阅读系统通过家用触屏设备、电脑、手机等开展线上线下各类科普数字阅读推广工作；依托金陵图书馆与科协的天文学会等学会合办金图讲坛科普子系列的讲座；并在一年一度的科普宣传周期间与南京市科学技术协会的"科普闻道"合作向全市群众推广科普知识。

二、开展背景

近年来受数字媒介迅猛发展的影响，数字化阅读方式日益被人们所接受。在"第十三次全国国民阅读调查报告"中，我们可以清楚地看到数字化阅读方式的接触率为64.0%，同比上升了5.9%，数字阅读已然成为亮点，并且首次明显超过纸质阅读。

金陵图书馆近年来也在密切关注数字阅读的发展，推出了"I·金图"数字阅读系统，它以"I·金图"App移动客户端为核心，以数字云屏借阅机为实体终端，以二维码扫描技术为核心手段，以金图馆藏数字资源为内容主体，利用微信、微博、金图网站门户等媒介，建立起了一个立体化、跨时空的数字阅读服务平台，并且依托该平台开展了各项线下线上的活动，将优秀的科普资源推荐给读者。

三、活动开展

金陵图书馆是南京市级公共图书馆，肩负着传播优秀文化知识和科学普及的责任。历年来开展过多种多样的活动，如建设科普读物专题书架、科普宣传周送书进社区、科普观察户外活动等。随着数字阅读的发展，为了更广更多更好地开展科普阅读服务，金陵图书馆依托"I·金图"数字阅读平台，结合本馆科普类文献资源、音视频资源开展科普数字阅读推广活动，活动包含以下几种形式。

（一）科普数字文献线上阅读

金陵图书馆在日常数字资源建设工作中通常会考虑读者需求及资源的使用率来进行商购和自建。科普类资源是其中重要的一部分，金陵图书馆目前商购的科普类资源包含了 CNKI 知网数据库、维普智立方资源发现系统、万方数据知识服务平台等平台的期刊 30876 种，期刊论文 13687 万篇。

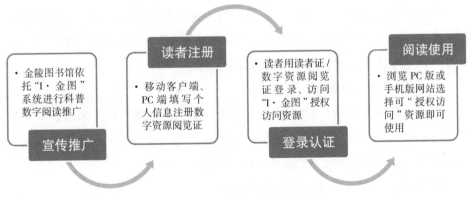

图 1　科普数字阅读推广流程

金陵图书馆为了满足广大读者阅读需求，除了在馆内的电子阅览室面向读者开放各类科普资源以外，还开通了线上数字资源阅览证的办理，利用"I·金图"平台，读者不必到馆，通过电脑、手机注册虚拟阅览证即可使用数字资源。

（二）科普视频展播

金陵图书馆依托"I·金图"平台中拥有的视频资源，开设了线下科普数字阅读的阵地——"微知堂"，每月一期，精选金图数字资源中的2—3个视频节目，内容涉及环境保护、军事侦探、科技前沿、历史文化、生命科学、体育探险、天文航天等众多领域。让读者在享受图书馆借阅服务之余，也可以跟随镜头了解世界的奇妙，探究各种神奇现象背后的秘密。

每期我们在现场都穿插了与读者的互动环节，读者踊跃抢答，现场活动气氛十分活跃。同时工作人员也给现场的读者介绍了"I·金图"数字阅读系统的应用，以及如何使用科普资源，并回答读者提出的相关问题。每期活动结束后，都有读者前来询问下一期"微知堂"活动举办的具体日期。

图2　科普视频展播流程

在2016南京网友节，我们开展各项线上线下子活动达96项，包括法制宣传、网络科普、社会公益、文化才艺、便民服务等方方面面。"I·金图"之"微知堂"线上展播知识问答网络科普活动便是其中一项。

（三）科普资源微阅读

基于人们对微信的广泛应用，金陵图书馆"I·金图"数字阅读系统与时下流行的微信相结合，利用金陵图书馆微信公众号，精选图书、杂志、视频等优质资源（其中科普类资源约占1/3）供读者阅读使用。

（四）金图科协共联姻，数字阅读遍南京

为推进全民阅读工作，金陵图书馆与南京市科学技术协会在2016年3月达成了合作共识，联合向广大市民推出整合了双方优质科普资源的"书香金陵"数字资源库之"科普闻道"项目，全面提升金陵图书馆和南京市科学技术协会面向广大市民的数字信息服务水平。

南京市科学技术协会成立于1959年，拥有会员十几万人，联系全市数十万科技工作者。自改革开放以来，全市科协的组织建设不断加强，网络和体系建设逐步健全和发展。目前，全市 13 个区县、80 个街道、32 个镇均建立了科协组织，在农村建立和发展各类专业技术协会（研究会）200 多个，在 175 个企事业单位建立了科协组织，市科协所属团体已达 89 个（3 万余名个人会员和 718 个单位会员）。

"科普闻道"是由南京市科学技术协会制作的官方应用，抓取当前热门科普信息，第一时间发布社区新鲜事，寓科学于生活，弘扬科学精神。从 2013 年开始，南京市科协就开展了以"科普闻道"为品牌的科普信息化工作。截至 2016 年 6 月，南京市科协在全市布设了 610 台科普阅览屏，科普阅览屏共建立一级频道 144 个、二级频道 674 个；发布科普信息 20 万余条、"科普画廊"96 期；基层自主发布文章 5392 篇、上传图片 16644 张、视频 711 个、推送通知 4900 条，初步建成包括科普热点监测系统、专家远程答疑系统、科普内容服务系统、科普社区服务系统等在内的"预见性介入科普知识传播系统"。此外，南京市科协还开发了"科普闻道""南京科普游"App，开通了"南京科普"微信公众号。经过 3 年的努力，南京市初步形成了"手机客户端＋阅览屏＋微信"三位一体的科普信息化工作格局。"科普闻道"阅览屏主要分布在全市政府机关、学校、医院、社区、机场、写字楼等公共场所，是推动数字科普阅读普及的重要媒介之一。鉴于这个科普产品所起到的正面引导作用巨大，江苏省科学技术协会已经在全省范围内进行推广。

经过金陵图书馆与南京市科协的深入合作和精心准备，在 2016 年 5 月全国科技活动周暨南京市第二十八届科普宣传周活动期间，"书香金陵"触摸屏中加入"科普闻道"栏目，与此同时，"科普闻道"触摸屏也加入"书香金陵"栏目，金陵图书馆的广大读者以及南京市科协的千余家会员单位的用户都可以同时享用这两道信息大餐。

"书香金陵"触摸屏中"科普闻道"栏目中设有科协大讲堂、科协讲堂预告、科普画廊、金陵科普杂志模块，读者可以在触摸屏中点击"科普闻道"栏目就能及时查看科协大讲堂最新预告，在线观看近百部优秀的科普讲座，浏览科普宣传画报，阅读精美且实用的科普杂志。

"科普闻道"触摸屏中"书香金陵"栏目设有读者活动、动态资讯、电子图书、电子杂志模块，读者只需手指点点，就可以了解金陵图书馆最新开展的各种阅读活动，阅读数十万种电子书籍和千余种电子杂志。借助科普阅读屏的广泛普及，进一步提升市民的阅读素养。

四、分析与总结

通过金陵图书馆数字资源阅览证办理情况，我们可以看出当下数字阅读服务的重要性。

晚间办证数量与上下午相当，说明在线办证在晚间时段发挥出了有效的作用。

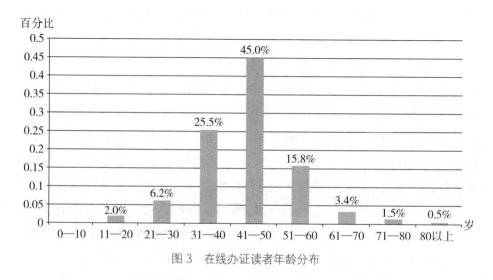

图 3　在线办证读者年龄分布

读者可以不受实体图书馆地点、开放时间的限制，随时都能免费办证；现在的线上读者群中有南京本地读者，也有江苏本省其他城市读者，甚至已有不少外省的读者；从在线办证的年龄层可以看出：大部分读者集中在 30—50 岁之间，这些人群通常都因上班、家庭等因素空闲时间较少，往往无暇前往图书馆进行借阅，数字阅读恰恰符合其阅读需求，上班路上或者零散的休息时间都可以被利用。

金陵图书馆"I·金图"数字阅读平台的建立受到了社会的广泛关注，读者可以轻松体验数字阅读的乐趣，切实地感受到便利和实用，该平台也成为科普数字阅读推广的重要基础。

表 1　媒体相关报道

日　期	媒　体	标　题
2015-04-18	南报网	金陵图书馆推出移动阅读 App　百万册电子书刊免费看
2015-04-19	金陵晚报	金图移动阅读 App 囊括百万册电子书刊
2015-04-19	南京网络电视台	我市开通首家图书馆移动阅读平台
2015-04-21	现代快报	图书馆"藏"进手机 书籍、报纸免费看
2015-04-23	江苏网络广播电视台	全民阅读日　名家心得：读书要"营养均衡"
2015-04-24	江南时报	金陵图书馆推出移动阅读平台
2015-04-24	房天下	金陵图书馆电子阅览平台首次进驻售楼处
2015-11-03	新华日报	"电子阅读是洪水不是猛兽"图书馆长力推阅读 App
2015-10-27	金陵晚报	没有图书馆借阅证也能坐享百万册图书 "I·金图"数字阅览全面上线
2015-11-03	金陵晚报	首届金图读者节落幕　24 小时全天不间断的文化盛宴
2016-04-09	南京日报	2016 南京网友节 17 日开幕（"I·金图"—微知堂是子活动之一）
2016-05-11	龙虎网	2016 年全国科技活动周暨南京市第 28 届科普宣传周活动将开幕（"科普闻道"阅览屏开通"南京全民阅读"栏目）

在近年来的数字资源建设工作中以及与南京市科技协会的多次合作中，我们发现，科普类的资源通常呈现出知识点明确、文献篇幅不长、内容生动有趣、展示形式多样等特点。这些恰恰符合数字阅读特性，即人们抓住日常的零散时间来进行碎片化阅读，因此我们开展的多项科普阅读推广工作受到了读者的广泛好评。

2016 年 8 月初，中国科协公布了全国科普信息化建设试点单位名单。南京市科协获批全国科普信息化建设"综合应用试点"单位，是本次获批的 18 个"综合应用试点"单位之一，"综合应用试点"单位仅两个副省级城市科协，其余 16 个单位均为省级科协。

据了解，本次全国科普信息化建设试点是中国科协首次组织申报，共有

98 个单位提交了申请。最终，18 个单位获批"综合应用试点"，10 个单位获批"专项试点"，13 个单位获批"应用试点"。

未来金陵图书馆还将紧跟时代的步伐，利用自身资源优势，引入新技术，运用新媒介，结合国家公共文化数字推广工程，继续开展科普数字阅读服务工作。通过自建和商购更多精品科普资源，形成专题化资源库；继续开展科普视频展播系列活动，打造"微知堂"品牌，并扩大其影响力；与南京市科协进一步加强深入合作，提升服务，将双方优质资源整合进入手机 App、微信公众号，开展更多更优的线上线下活动等，推动数字信息服务进一步发展，实现市民获取精品文化科普资源零障碍，与相关单位联手打造书香科技新城。

☞点评与启示

科普阅读推广对于公共馆和高校馆来说都是非常重要的工作，相比于普通阅读推广，科普阅读推广对专业知识、现代技术、社会合作都有更高的要求。金陵图书馆通过数字手段推广科普阅读，将文献、视频和微阅读等系列活动相组合，形式多样，能根据读者不同情况满足阅读需求，这为公共图书馆更好地开展科普工作提供了借鉴。另外，只靠图书馆很难掌握全部的学科知识和现代化手段，所以要广泛吸引社会力量，多与科普相关单位合作并参与到科普活动中。具体到案例的撰写，还有待加强。案例应具备四大要素：工作场景的记录、典型的案例事件、活动策划中的问题和问题解决方案，从而方便别人借鉴和复制。

——首都图书馆馆长、研究馆员、中国图书馆学会阅读推广委员会副
主任　陈坚

"体验" + "互动" 快乐科普

——广州少年儿童图书馆科普阅读活动案例

吴翠红　杨彦嫦　张淑文（广州少年儿童图书馆）

一、案例背景

2002 年 6 月颁布的《中华人民共和国科学技术普及法》第十六条第二款规定"科技馆（站）、图书馆、博物馆、文化馆等文化场所应当发挥科普育的作用"，图书馆开展科普教育成为一种义不容辞的社会责任。

2015 年是广州少年儿童图书馆读者服务迎来跨越式发展的一年。广州少年儿童图书馆新馆于 2015 年 6 月全面开放，实现了大主题馆新颖功能布局，致力于推广儿童阅读。科普馆以丰富的科普图书为基础，利用社会科普资源，加强"馆社（社会资源）"合作，开展独具科技魅力的场馆阅读活动，深受读者欢迎。与其他主题阅读推广相比，科普阅读推广更注重可操作性、体验感和互动性，"体验" + "互动"式的阅读推广活动特点鲜明、社会效益极佳，从而带动了科普文献的有效利用。

二、活动类型和设计实施

（一）"参与型"活动创新阅读体验

2016 年第二季度广州少儿馆举办了"蝴蝶培育计划"系列活动，活动设计流程如下：

活动策划→名家知识讲座→领取蝴蝶培育套装和培养手册→"虫虫欲动"主题荐书→借阅昆虫类图书→亲自养育蝴蝶幼虫→第二次知识讲座，交流心得，发放套装→感受"破蛹化蝶"的兴奋并作记录→第三次知识讲座，发放套装→蝴蝶展览亲手把毛毛虫培育成蝴蝶，与蝴蝶"约会"，用少儿读者的话来说，"酷毙了"。活动持续两个月，全程都在少儿馆内举办。广州少儿馆与广州市青少年科技中心、华南师范大学、昆虫研究院等机构通力合作，为近三百个青少年家庭提供了美妙的创新阅读体验。同时，科普馆第二季度昆虫类馆藏利用率与第一季度相比，上升了123%。

图 1 小读者近距离观看蝴蝶标本，开心地领取图书馆发放的蝴蝶套装礼物

（二）"互动型"活动提升科普兴趣

广州少儿馆连续多年注重举办互动型活动，其本意就在于让读者亲自感受，去摸一摸、做一做，并推荐主题图书。如"建筑节能123——从广州经典建筑谈起"活动中，小读者们能亲自摸环保砖头，玩建筑拼图游戏；又如纸飞机飞行大赛，在听过原理讲解后，家长与孩子亲自折叠各种纸飞机并开展家庭现场"比拼"……科普馆的活动使读者参与热情高涨，极大增加了读者与科普馆的黏性。

附部分活动列表：

活动名称	活动内容简介	合作机构
活在微生物的世界里	微生物好，微生物坏？到底是敌还是友？我们该如何来对待这谜一般的微生物呢？一起探索奥妙的微生物世界。	华农生科院（大学生志愿者）
走近"爬宠"	了解奶蛇、蜥蜴、蜘蛛等特别的宠物。	华农生科院（大学生志愿者）
探密昆虫	观察昆虫标本，如瓢虫、蜻蜓等，了解地球上数量最多的动物群体。	华农生科院（大学生志愿者）

续表

活动名称	活动内容简介	合作机构
叶脉书签制作	一起动手，去除叶子的表皮及叶肉组织，制作精美的叶脉书签。	华农生科院（大学生志愿者）
建筑节能123——从广州经典建筑谈起	宣传建筑节能和家庭节能小知识，认识广州经典建筑。	广州市建筑节能与墙材革新管理办公室（党员志愿者）
神奇的绿色建筑	倡导环保理念，感受环保建材。	广州市建筑节能与墙材革新管理办公室（党员志愿者）
建筑废物变废为宝	建筑废弃物对环境保护十分重要。通过观察再生混凝土实心砖、再生路面砖、植草砖，加深对环保的认识。	广州市建筑节能与墙材革新管理办公室（党员志愿者）
纸飞机飞行大赛	通过一些简单的折叠，利用空气动力学的原理让纸飞机在蓝天翱翔。	广州乐同工业科技有限公司
六期"探索—解密"科普体验展	每月更换。展览项目包括"锥体上滚""液晶新材料""旋转镜像""机翼与小球"等，涉及光、电、力、磁等科学内容，深受小读者的喜爱。展览的形式灵活，在一个个展箱内进行独立展示，小读者能按照展箱旁的文字提示去触摸、操作和观察。	广州市青少年科技中心

图2　小读者观察彩色万花筒、触摸悬浮地球仪

（三）"实验型"活动彰显科技魅力

把实验室的实验搬到图书馆，是广州少儿馆在探索科普活动上的新尝试，

实践证明这类活动很受欢迎。活动设计时我们把握两个原则：（1）符合公共图书馆消防安全，绝对禁止明火；（2）做好现场秩序的控制，提前确定参与实验的读者名单。

附部分活动列表：

活动名称	活动内容简介	合作机构
自来水的足迹	了解自己生活中的自来水，学习如何甄别水质，解开生活中关于水的疑惑和难题。	《信息时报》、广州市自来水厂
3D 打印演示	现场展示 3D 打印机原型与耗材，并进行打印演示。	广州市青少年科技中心
表面张力大战地心引力	模拟冰激凌状的火山喷发实况，实验室瞬移至图书馆。通过吸睛的科学小实验，解释物理、化学原理，小读者在游戏和互动中增加对物理和化学现象的感性认识。	广州科乐多文化发展有限公司
纸的秘密		
冰淇淋大战火山		

（四）"智能型"科普活动经久不衰

要论大众熟知的智能型科普代表，机器人首当其冲。2016 年央视春晚上，机器人阿尔法引人注目。与其他类型活动不同，机器人活动在图书馆的受欢迎程度不可否认地位居前列。我们与多家机构合作，从多种机器人的展示到机器人拼装、竞技，让少儿读者多层面接触机器人。活动名额往往一放出即被抢光，这一类型的科普活动可以说已形成一种强烈的社会需求。同时广州少儿馆也提供机器人悦悦，为读者提供语音查询服务。机器人的现场展示，机器人方阵热舞、光感车的出现，让孩子们感受高科技的魅力，近距离亲近人工智能，引发孩子们对科学探索的兴趣。

附部分活动列表：

活动名称	合作机构
机器人舞蹈表演（多次）	广州乐同工业科技有限公司
足球竞技（多次）	
乐同拼装体验课（多次）	
去爸爸那儿机器人夏令营	广州市机器人技术协会
千师万苗工程，智慧改变未来	广州市青少年科技中心

活动名称	合作机构
走进创客机器人世界	巴巴机器人活动中心
机器人体验活动,包括"我们的城市""旧工厂重建计划"等	广州乐同工业科技有限公司
"触电"机器人	广州乐同工业科技有限公司
机器狂欢日·馆庆二十载	中鸣数码科技有限公司
比隆小镇奇幻之旅	"比隆小镇"儿童科技创新教育公司

三、实施要点

(一)活动策略优化,强化"互动"+"体验"

在活动策略上,广州少儿馆强化"互动"+"体验",适应少儿心理特点,关注社会热点,以质取胜,以增加读者到馆的停留时间,继而提高科普图书的借阅量。活动开展以后,借阅量每季稳定上升。

(二)整合社会资源,强化科普专业性,引入科普行业志愿者

上述各类型活动都联合了多种类型的合作机构,利用了社会力量。如人工智能方面的科技公司,他们在帮助和指导青少年学习与了解现代工业设计、电子、机械、传感器、计算机软硬件、人工智能等诸多方面都有专业的师资队伍。例如,实验类活动中的科乐多拥有源于德国的专业科学团队,因而在开展活动时,起到很好的引领作用。此外,我们的合作单位更多的是科技行业机构,他们因为在科普教育方面的专业性,给图书馆增加了很多科普推广的新力量。在科普馆发展中,大学生志愿者和机关党员志愿者也成为我们科普活动重要的支援力量。

四、成效与影响

(一)引起了较广泛的社会关注,提升了广州少儿馆影响力

作为未成年人的重要教育基地,广州少儿图书馆一直不遗余力地开展阅读推广工作。科普活动有效地宣传了公共图书馆的形象。对科普馆的活动,广州电视台、《信息时报》、《羊城晚报》、《广州日报》等广州本地主流媒体纷纷予以报道，扩大了公共图书馆在科普教育方面的影响力。

（二）不断创新，是做好阅读推广工作的重要途径

"参与型""互动型""实验型""智能型"活动是我馆科普活动的四大主流活动，对它们的重点发展和培育，是对传统的阅读推广形式的创新。广州少儿馆科普活动利用新馆的开放性场馆特点，以富有趣味的科普阅读推广活动不断增强读者黏性，吸引新读者的加入。

（三）活动与借阅相得益彰，互相融合，互相促进

广州少儿馆活动得到了少儿读者和家长的高度评价，科普馆借阅量持续大幅上升。读者的肯定是对我们的最大鼓舞。每次科普馆的活动在网上一经推出就迅速吸引读者报名。凭借特色科普活动的吸引力与专题荐书的给力配备，科普馆图书的外借量节节上升，环比每季都在持续大幅上升，在 2016 年 7 月创造出 3.5 万册的单月外借记录。

图 3　专题图书推荐："虫虫欲动"（推荐图书 30 种，280 册）

从专题书目推荐的效果来看，以 2016 年 4 月到 5 月为例，科普馆共举办

与昆虫相关的活动 4 场次，推荐昆虫类的图书 30 种 280 册，在活动现场营造出"人在书中，书在人旁"的氛围，此专题的图书 4—5 月平均每月借出 1275 册次（对比 1—3 月，平均每月昆虫类图书常规借出 572 册次）。

五、结语

图书馆希望通过科普阅读推广活动激发小读者对科学探索的兴趣，培养严谨的科学精神。无论这些小读者以后是否会成为科学家，这种在童年时培养的对大自然的亲近、对生命的尊重和对科学的热爱都将使他们终身受益。这也是我们图书馆人进行科普阅读推广的目的所在。

☞ 点评与启示

广州少年儿童图书馆的科普活动，取得很大成效：第一，文献利用率提升，通过开展科普活动激发了公众的阅读兴趣，促进阅读并提升文献的借阅率；第二，体验型的阅读通过参与、互动、体验来引导读者，使读者认识更加深刻；第三，知识服务贯穿始终，专业性强；第四，开展社会化合作，每个活动都有合作机构和志愿者，充分发挥图书馆文献资源和公共服务平台的优势和价值。提两个建议：一是做好科普阅读的推荐书目工作，在活动基础上经过长时间的积累会有很好的成果；二是注重活动的影响力，尤其活动的原始记录非常重要，具体的活动名称、操作流程、遇到的问题等也是很有价值的。

——首都图书馆宣传策划部主任、研究馆员　王海茹

科普实验

——紫甘蓝的酸碱变化

彭　炜　韩　勰　韦福妹（贵阳市乌当区图书馆）

一、开展背景

贵阳市乌当区图书馆在少儿阅览室开展科普小实验活动，旨在提高小读者的科普知识水平，与小朋友分享一些生活中的科学小实验，带领小朋友探索科技的奥秘，增加他们的知识。

二、活动流程

（一）活动前期准备

1. 科普实验选取及验证：文化志愿者提前选取一个生活中的小实验，准备相应的材料并根据实验步骤做一遍，以确保实验可以成功开展。

2. 准备科普资料及前期宣传：文化志愿者提前一周选定实验后，根据需要准备实验用品（本次实验用品为紫甘蓝、小苏打、白醋、蛋清、水、杯子）和PPT演示文稿，做好活动宣传海报，张贴在图书馆一楼相应的宣传栏和少儿阅览室门口，提前告知读者活动时间、地点和活动的内容。

（二）活动过程

1. 小读者参加签到：小读者来图书馆学习时，看到宣传海报后，可于周六下午16：00到少儿阅览室参加活动并进行活动签到。

2. 文化志愿者演示实验：文化志愿者用事先准备好的PPT展示实验步骤并动手演示实验过程，在演示的同时给小读者讲解每个过程的注意事项。

取适量小苏打与水混合成溶液备用，将紫甘蓝用剪刀剪成小块后放在一个杯子内加水捣碎至水溶液呈紫色，取六个杯子编号1、2、3、4、5、6，每个杯中放入等量的紫甘蓝水溶液。

（1）1号装有紫甘蓝水溶液的杯子里不加任何溶液，观察溶液呈紫色；

（2）往2号装有紫甘蓝水溶液的杯子里加适量白醋搅拌，观察溶液呈紫红色；

（3）往3号装有紫甘蓝水溶液的杯子里加适量小苏打溶液搅拌，观察溶液呈蓝色；

（4）往4号装有紫甘蓝水溶液的杯子里加适量蛋清搅拌，观察溶液呈绿色；

（5）往5号装有紫甘蓝水溶液的杯子里先加适量蛋清，后加适量白醋搅拌，观察溶液呈粉红色；

（6）往6号紫甘蓝水溶液的杯子里先加适量蛋清，后加小苏打溶液搅拌，观察溶液呈浅绿色。

3. 注意事项

（1）用剪刀剪碎和捣碎紫甘蓝时注意安全；

（2）加入蛋清、白醋、小苏打溶液时不可过多，观察溶液变色即可；

（3）小心操作，防止溶液洒落在衣服上，难以清洗。

4. 实验开始：文化志愿者演示完毕后，小朋友每人依次领取实验用品，根据文化志愿者的演示，自己动手实验，文化志愿者在一旁进行辅助。实验内容如下：首先取适量小苏打与水混合成溶液备用；其次将紫甘蓝用剪刀剪成小块后放在一个杯子内加水捣碎至水溶液呈紫色，取六个杯子编号1、2、3、4、5、6，每个杯中放入等量的紫甘蓝水溶液。然后根据文化志愿者的演示实验，依次加入所需实验用品，搅拌并观察实验现象。

5. 实验原理分析及总结：本次实验的原理是紫甘蓝含有花青素，花青素遇酸变红，遇碱变蓝，可做酸碱指示剂。紫甘蓝中的硫化物与蛋清中的铁质结合，生成绿色的铁质硫化物，使液体变成绿色。紫甘蓝指示剂的变色范围如下：$pH<6.5$ 粉红色；$7.0<pH<7.1$ 紫色；$7.5<pH<8.5$ 蓝色；$8.5<pH<12$ 绿色；$pH>12.5$ 黄色。

三、活动结束

1. 参与人员留影：实验完毕后参与人员留影供后期使用。

2. 文化志愿者根据本次实验情况，做出总结后写下简报存档。

3. 将当期的科普活动录制成视频教程并上传网络与微信公众号，供未能参加活动的小读者查阅学习。

4. 文化志愿者进行下一期的活动准备。

四、开展要点

活动开始时，文化志愿者会先利用 PPT 为小朋友讲解一下此次实验步骤及细节。在 PPT 讲解完之后，文化志愿者为小朋友进行演示实验。

图 1　文化志愿者为小读者讲解实验步骤

志愿者的实验演示能够让小朋友更加清晰直观地看到实验步骤，以免小朋友操作失误。志愿者在做完实验演示之后，给小朋友讲解应该注意的地方。小朋友可以根据志愿者的演示来完成这次实验，小朋友的实验步骤与志愿者保持一致。

所有参与的小朋友在志愿者的指导下进行实验，对志愿者之前所做的实验进行验证，之后让参与此次活动的小朋友谈谈在实验中的感受，通过这次的实验让小朋友感受到"不一样的紫甘蓝"。在实验过程中，有一些小朋友年龄比较小，无法单独完成此次实验，志愿者会安排年龄比较大的小朋友对其进行辅助，或是家长、志愿者和小朋友合作完成，这样既能保证年龄小的小朋友能够参与这次活动，又能保证活动的安全进行。

图2 文化志愿者指导小读者进行实验

在实验完成之后，志愿者组织小朋友有序地去洗手，这样能够减少或避免实验用品的残留，即使我们的实验对于小朋友来说都是安全的。所有的小朋友离开实验场地之后，志愿者对场地进行整理，结束实验。

五、实验分析

此次实验主要利用的是对比实验，利用不同的物质使紫甘蓝水溶液变色，表现出紫甘蓝水溶液作为 pH 指示剂的变色范围较广的特点。在实验之前，虽然文化志愿者对小朋友进行过实验演示，但在实际操作过程中，小朋友会根据自己的喜好添加实验用品，用量的不同会导致实验效果的不同，所以在实验过程中应该尽量注意实验用品的量。

六、活动总结

科普活动是乌当区图书馆少儿阅览室常规活动，旨在提高小朋友的科学知识水平。在活动前期做好活动的宣传；在活动中将科普知识分享给小朋友；在活动后期我们会将当期的科普活动录制成视频并上传网络，供小朋友进行学习。本案例的实验材料源于生活中的蔬菜，目的是为了让小朋友们知道：生活中有许多实验现象是我们所不知道的，只要自己积极动手，一定会享受到实验所带来的快乐。这样他们不仅学到了书本上的知识，还能体验生活中的乐趣，加深小朋友对这些科学知识的印象，通过一系列的科普活动使小朋友对科学探索产生兴趣。

表1　乌当区图书馆科普世界活动一览表

科普世界内容	时　间	教育意义
燃烧的蛇形钙片	2016年1月2日下午16:00	通过实验，小朋友观察到葡萄糖酸钙片在燃烧后可以产生蛇状物，会有碳酸钙和二氧化碳生成。
可乐+牛奶	2016年1月16日下午16:00	通过实验使小朋友懂得可乐中有碳酸，牛奶中的蛋白质80%为酪蛋白。牛奶的酸碱度在4.6以下时，大量的酪蛋白便会发生凝集，沉淀，难以消化吸收。
牛奶变变变	2016年1月30日下午16:00	通过实验让小朋友知道染料密度比牛奶小，当染料分子分散在牛奶的表面时，加入洗洁精，就会发生分子运动，使染料分子向边缘扩散。
神奇的气压	2016年2月27日下午16:00	让小朋友知道当我们把杯子倒转过来后，由于杯子里面的空气压强小于杯子外面的大气压，杯子里的水被空气托住，所以水流不下来。
果冻拌出来	2016年3月26日下午16:00	小朋友观察到硼砂与白乳胶发生化学作用，形成带黏性的聚合物。
热水里的雪花	2016年4月9日下午16:00	通过实验让小朋友观察结晶的过程，往热水中不断加入硼砂，使之饱和，冷却后硼砂会以晶体形式析出。
瓶子吹气球	2016年4月23日下午16:00	通过实验让小朋友了解到小苏打粉遇到醋，会在瓶子里发生酸碱中和反应而产生二氧化碳，当二氧化碳气体上升时，套在瓶子口上的气球就被吹大了。
神奇的蜡烛	2016年5月7日下午16:00	通过实验让小朋友了解到蜡烛燃烧需要氧气。蜡能隔水，做防水保护层。
会跳舞的樟脑丸	2016年6月4日下午16:00	通过实验发现小苏打与醋发生反应生成二氧化碳气体，二氧化碳能带动樟脑丸浮到水面，当气体全部跑到空气中时，樟脑丸下沉。

科普世界内容	时　间	教育意义
变色的紫甘蓝	2016 年 6 月 18 日下午 16:00	通过实验让小朋友懂得紫甘蓝中含有花青素，花青素可做指示剂，使酸变红，使碱变蓝。
神奇的鸡蛋	2016 年 7 月 2 日下午 16:00	通过实验让小朋友知道紫甘蓝可使酸变红，使碱变蓝。蛋清中的铁质与紫甘蓝中的硫化物结合，生成绿色铁质硫化物。
隐身的硬币	2016 年 7 月 16 日下午 16:00	通过实验让小朋友了解光的反射与折射。

打造宜居社区，引领绿色生活方式

——以北京市西城区第一图书馆绿色科普阅读推广项目为例

阎　峥　郑彩萍　张　祎　张志强（北京市西城区第一图书馆）

一、项目背景

在十八大提出推进生态文明建设和开展全民阅读活动的背景下，图书馆作为社会中重要的科普教育基地，要牢牢抓住历史机遇，结合当前实际需要与未来发展规划，充分发掘自身资源，担负起推动公众有序参与绿色发展的社会责任，全方位打造出符合读者需求的特色立体科普阅读模式，倡导绿色生活方式，为共同建设美丽中国和书香社会做出贡献。

二、项目目标及活动流程

为了贯彻中央《关于加快推进生态文明建设的意见》，在建设首都宜居城市的基础上，通过新形式的科普阅读推广活动的开展以及宜居社区的打造，引领社区居民爱上科普阅读并建立起绿色生活方式。北京市西城区第一图书馆（以下简称西图）联合北京市西城区图书馆管理协会承办了以"打造宜居社区，引领绿色生活方式"为主题的绿色科普阅读推广项目，并得到了北京市西城区社工委的支持。该项目在推行绿色阅读的基础上，通过绿色信息配送、绿色阅读沙龙、讲座、互动展览、绿色访问、绿色产品技术体验等各种活动方式，为西城区10个社区街道及单位的居民在家门口提供绿色服务，打造居民绿色生活的新方式，提高居民"绿色素养"。通过参加丰富的阅读活动与系列讲座，社区居民逐渐养成节能环保的习惯，成为绿色生活方式的践行者，从而为建设绿色西城的发展目标贡献力量。

三、项目前期调研

西图联合西城区图书馆管理协会成立了9人项目课题组，各自分工，开展前期调研工作。项目组成员兵分多路，分别前往西城区前铁社区、北京郭守敬纪念馆、中直社区、三里河三区第一社区、汽南社区、西便门东里社区、莲花河社区、牛街社区、北京空竹博物馆、牛街东里社区10个单位进行深入调研。这10家社区及单位几乎覆盖了全区的各个空间范围。调研采用问卷调查、实地考察、现场询问等多种形式，项目组成员通过亲自走访，全面而准确地得到了社区单位和居民的第一手资料信息；并通过对调研资料的深入分析和研究，制定出了针对性强、实用性高的具体实施方案及内容。

四、项目内容

（一）组织绿色阅读沙龙活动

西图充分发挥图书馆作为全民阅读基地的资源优势，利用社区的文化机构（社区图书馆室）与社区合作，选择配置绿色书刊等文献，针对社区不同群体（成人、青少年），通过绿色阅读沙龙这种创新方式，向居民传播内容丰富的绿色信息，使其掌握绿色生活方式的技巧，提升居民绿色生活的素养。

（二）举办绿色生活主题讲座

项目组多次邀请知名社会专家到图书馆和社区，为居民举办绿色生活方式主题讲座，开展点对点、面对面的一站式的全方位服务。

（三）举办宜居社区与绿色生活主题互动体验展览

此展览是一种文化与科技相融合、以"绿色生活方式"为主题的体验式活动，采用室内展览和流动展览两种形式，在社区图书馆和社区单位进行绿色生活巡回展览。2016年7—9月完成10个社区及单位的巡展工作。每个社区单位展览1周，总展览时间为10周。巡展路线安排如下：前铁社区—北京郭守敬纪念馆—中直社区—三里河三区一社区—汽南社区—西便门东里社区—莲花河社区—牛街社区—北京空竹博物馆—牛街东里社区。

居民可通过触摸体验、大数据揭示、回答环保知识试题等不同形式，来直观了解绿色生活方式的概念和特点，并邀请相关专家和绿色志愿者进行演示和讲解。

（四）参观"绿色生活方式"基地

通过组织社区居民参观不同的"绿色生活方式"基地，深入实地进行考察与交流，开阔社区居民的绿色视野，增强他们的绿色生活方式意识，提高他们参与"绿色生活方式"建设的积极性。

（五）展示成果

编写与制作社区"绿色生活方式"宣传折页，撰写项目分析报告、项目课题总结。

项目进度安排：

1—3 月：成立项目课题组，前期调研，课题开题；

4 月上旬：举办第一场绿色主题讲座：社区与家庭节能；

4 月下旬：结合世界读书日主题举办第一次绿色阅读沙龙；

5 月上旬：举办第二场绿色主题讲座：社区环保；

5 月中旬：举办环保主题体验展览；

5 月下旬：参观北京市绿色示范社区；

6 月上旬：举办第三场绿色主题讲座：社区与自然；

6 月下旬：参观北京市环境教育基地；

6 月底：项目组内部召开项目中期总结大会；

7 月：举办第四场绿色主题讲座：健康与绿色生活；

8 月：举办第五场绿色主题讲座：国际绿色社区经验分享；

9 月上旬：组织参观国家教育示范基地；

9 月下旬：开展第二次绿色阅读沙龙；

10—11 月：编写制定社区"绿色生活方式"宣传折页，写项目总结。

本项目通过绿色阅读与多种形式活动相结合的手段，借鉴国际先进经验，面向普通社区居民开展全方位立体式的绿色生活方式的宣传与科普活动，同时充分发挥了图书馆的社会枢纽作用，整合了社会各界资源，采取文化与科技融合的手段，对建设宜居社区和宜居城市具有积极作用。本项目扎根于基层社区图书馆，具有良好的示范效应和可推广性。

图1　2016年3月举办的"打造宜居社区，引领绿色生活方式"项目课题启动仪式

图2　2016年5月19日在郭守敬纪念馆举办绿色主题讲座——郭守敬与京杭大运河

五、项目反馈与分析

当前，生态文明创建活动在全国各地全面铺开，绿色宜居社区建设成了各地文明建设工作的主流。那么，如何有效推进社区生态文明建设、打造宜居社区和引领绿色生活方式，这是我们需要共同探讨的课题。

随着项目的逐渐深入，这些内容丰富、形式新颖的绿色阅读活动在 10 个社区单位之间交替进行。我们同时对社区居民进行意见反馈和满意度调查，结果反响强烈，居民满意率达到 95% 以上。这充分说明项目课题是成功的，社区居民真正从中得到了实惠。随着社会中绿色、低碳、环保理念的传播和生态文明建设的不断推进，宜居社区的建设赢得了越来越多的共识。把理念化为实践，建成绿色、节能、环保、宜居的社区，还需规范引导、整体规划和资金支持。

西图的这个项目之所以如此成功，是因为早在 2003 年，在中国科技部 21 世纪议程管理中心和瑞典国家开发合作署（SIDA）的战略合作基础上，由北京市科委与西城区科委牵头，瑞典 LIFE 国际生态基金会与北京市西城区第一图书馆（原西城区图书馆）携手共同建立了全国首家基于公共图书馆的中瑞可持续发展信息中心。该中心致力于借助国际环保机构力量，推进西城区可持续发展实验区的环境建设，面向公众进行可持续发展理念的服务推广普及性社会教育。十余年间，在社会各界各方支持和自身不懈努力下，西城区第一图书馆在环保领域中先后赢得了北京市西城区科普教育基地、生活垃圾"零废弃"管理试点单位、北京市节水型单位、北京市垃圾减量和垃圾分类先进贡献单位、北京市环境教育基地和"酷中国低碳生活馆示范项目"等荣誉称号。

六、项目总结

"十三五"时期是全面深化改革和推进经济转型升级的攻坚时期，是全面建设"生态环境、创造美好生活"的关键时期。大力推进生态文明建设和全民阅读工作可以有机结合。作为承担社会先进文化服务与教育职能的公共图书馆，今后的阅读推广工作应当与时俱进，勇于担当社会责任，积极行动起来，拓宽服务领域，发挥好信息资源丰富等优势，以"公共绿色阅读空间"的角色，在引导公众（广大读者）参与环境保护的关注度、认知度、参与度上积极发挥作用。

生命科学馆里"书"与"标本"的互动

么洪岩（长春医学高等专科学校图书馆）

一、开展背景

长春医学高等专科学校生命科学馆坐落在图书馆的一楼，占地面积1400平方米。生命科学馆分生命的起源、生命的诞生、生命的和谐、生命的风采、生命的神奇、生命与自然、生命与健康、生命与科学、生命的教育等九个篇章，用具有高科技含量的声光电设备展出1500余件人体解剖标本、病理标本、组胚、病原学标本，宣传医学科普知识、开展健康宣教活动，进行高科技的生理功能互动，还通过视频影像进行生命教育。生命科学馆已形成独具特色的立体图谱教学资源，正在探索新的资源呈现形式，为培养技能性、实用性医学人才以及为吉林省的公众健康教育服务。

我校的生命科学馆是医学科普教育和健康教育基地。为了更好地为社会服务，图书馆在生命科学馆里实现了文字的"书"与展馆标本的"物"的互动，不拘泥于传统图书馆模式，采用新的开放式办馆理念。

二、开展流程

1. 校内外读者通过拨打图书馆参考咨询部电话可预约参观。
2. 收到电话预约后，图书馆安排参观时间和解说员。
3. 参观时发放参观须知和注意事项。
4. 指导参观人员有序退场。

三、案例分享：探索生命起源　普及医学常识

（一）案例一

2016年4月21日，我校生命科学馆迎来了一批特殊的参观者，他们是来

自格林·格顿幼儿教育学院的小朋友。他们在幼儿园老师的带领下一行九十余人前来参观，其中年龄最大的六岁，最小的只有四岁。

　　小朋友们在科学的殿堂里聆听与感悟生命的诞生和发育过程，用渴望的眼神在图片与标本之间汲取生命的奥秘。讲解老师李慧超借助细菌、病毒的模型和图片，教导孩子们一定要经常洗手，避免病从口入，养成良好的卫生习惯。同时，讲解老师向幼儿园的老师们介绍了相关医学常识，老师们表示一定会运用到未来的幼儿教育中，让孩子们健康茁壮地成长。

　　（二）案例二

　　2016年3月25日下午，吉林科技职业技术学院护理系100余名学生来我校参观生命科学馆，开启对生命的科学探索之旅。

图1　吉林科技职业技术学院护理系学生参观我校生命科学馆

　　李慧超老师细致地讲解了生命的起源、人体的构造、神经系统等相关知识，并带领同学们参观馆内人体塑化及管道铸型标本展区、自然与生命展区等九个展区，同学们被眼前的内容所震撼，全程都在认真听讲并一一记录。同学们纷纷表示，这让他们获得了更多的课本外的医学知识，也有助于他们树立科学的生命观，"这是一次科普体验活动，也是一次难得的生命教育"。

　　（三）案例三

　　2016年3月20日上午，约40名《城市晚报》的小记者们在家长的陪同下走进我校生命科学馆去探寻生命的奥秘。

小记者们在老师的带领下，排好队伍陆续走进馆内。在李慧超老师的讲解下，大家对生命的诞生有了更加深入的了解。李老师耐心地为小记者介绍了各式人体标本，消除了孩子们初入馆内的紧张和害怕，在参观过程中不时有小记者提出问题。一个小时的参观很快结束了，小记者们了解到很多人体方面的医学知识。

图 2 《城市晚报》小记者们参观我校生命科学馆

为了贴近小记者们生活，10 名来自临床医学部不同专业的小"老师"分别从牙齿保健、用眼健康、手的清洁卫生、春季传染病预防、校园应急处理以及某些文具的危害等多方面为小记者呈现了一堂精彩的医学知识普及课。通过课堂游戏、多媒体动画放映等形式吸引小记者们学习医学知识。

四、分析与总结

我校的生命科学馆是我校科普教育的一大亮点，融合人体解剖学、胚胎学、病理学、人体寄生虫学等标本为一体，面向学生及社会开放。人体生命科学馆既是高校对外学术交流的窗口，也是向社会公众开展人体医学科普教育的平台。

健康城市是当前社会发展的重要主题，生命科学馆特有的丰富内容决定了其在服务社会、提高全民科普和健康教育知识方面可以发挥重要作用。科学馆建成后，还组织学生成立宣讲团和志愿者服务小组。他们利用课余时间为社会各界人士开展展馆的解说和简单的咨询活动，学生在服务社会的过程中，也能让自己在沟通能力、语言表达能力和抗压能力等方面得到培养和锻炼。现如今，生命科学馆已经成为长春市中小学校外健康教育实践基地之一，面向长春市中小学生和家长们参观与体验，使参观者了解到生命的意义，懂得尊重生命、热爱生命、健康生活。

"让每一位孩子成为小小科学家"

——嘉兴市图书馆"禾禾科普站"阅读推广活动

郑　昀　许大文（嘉兴市图书馆）

为未成年人服务是公共图书馆的重要使命。《公共图书馆宣言》规定的 12 个使命（任务）中有 5 个与未成年人服务直接相关，例如：从小培养和加强儿童的阅读习惯；为个人发展创造力提供机会，激发儿童和青年的想象力和创造力等，较为明确地提到了为未成年人服务的具体内容。面向未成年人开展科普阅读推广活动对于激发他们的想象力和创造力有重要作用。同时，科学普及日益受到国家的重视，特别是在未成年人中开展科学普及推广显得尤为重要。因此，嘉兴市图书馆从 2013 年开始面向 3—10 岁儿童开展少儿科普阅读推广活动，并以"禾禾科普站"为名。

一、"禾禾科普站"阅读推广活动简介

"禾禾科普站"是"禾禾"旗下一个有关少儿科普阅读推广活动项目。为了面向 3—10 岁儿童提供专业的科普启蒙教育服务，馆里创建了少儿科普阅读推广服务团队，由嘉兴市图书馆与嘉兴市科技馆、同济大学、浙江大学化工学院、星星家园教育中心等相关单位合作，馆领导牵头，由专人负责，由专业馆员、专业教师志愿者和大学生志愿者合力开展，以科普绘本推荐、主题活动、科普小课堂、讲座和展览等多种形式，定期面向全市小朋友开展科普阅读推广活动。2013 年 3 月，该项目在嘉兴图书馆总馆开始尝试少儿科普阅读推广，边实践边摸索，形成"范本"，于 2014 年面向区分馆推广；再以"范本复制"模式，于 2015 年向乡镇分馆铺开。至 2016 年 5 月，共开展科普绘本故事会近 300 场，科普站活动 50 多场，举办科普讲座 37 次，科普展览 21 次。

二、"禾禾科普站"阅读推广活动的实施

基于嘉兴市城乡一体化公共图书馆服务体系日趋成熟，"禾禾科普站"以日常的科普绘本阅读和各种形式的科普活动相结合，分梯度开展少儿科普阅读推广活动。

第一梯度：针对3—6岁的孩子，阅读认知能力较弱，喜欢图像和声音等特点，引进3D立体书，开展科普绘本推荐和绘本故事会等阅读推广活动。

1.购买3D立体书，从动物、恐龙、军事、交通、科普等五个方面丰富馆藏科普图书资源。并在亲子悦读天地设置了"3D立体书互动体验区"，每天定时对小读者开放。

2.每月推出一本科普绘本，从推荐理由、内容简介、个人解读三个板块做出推荐，同时举办主题故事会。分不同主题做好持续性、系统性的科普绘本推荐。比如：对科学的探索，有关的绘本《中国幼儿百科全书》套系（共10册）。又如：跟动物有关的绘本《这样的尾巴可以做什么》《是谁嗯嗯在我的头上》等。再如：健康知识绘本《可爱的身体》系列（全8册）。

第二梯度：针对6—10岁的孩子，有一定的认知能力、动手能力较强的特点，与市科技馆联合开展以知识讲解、科学小实验、互动游戏为主的科普阅读推广活动，并结合数字图书馆资源开展活动。

1."禾禾科普站"每月开展一次活动。每次活动以一个科学知识点为主线，通过知识讲解、科学小实验、互动游戏等丰富多彩的形式做科普阅读推广。2015年度"禾禾科普站"活动详见表1：

表1 2015年度"禾禾科普站"活动表

活动时间	活动名称	活动内容
3月22日	世界七大奇迹	★了解世界七大奇迹的位置、外形 ★动手环节：设计搭建自己喜欢的奇迹模型
4月19日	会发光的小虫子	★萤火虫的外形特点 ★发光的原因 ★制作会发光的萤火虫
5月17日	恐龙大追踪	★恐龙生存的时间、环境 ★恐龙的类型、习性 ★动手环节：搭建恐龙模型

续表

活动时间	活动名称	活动内容
6月14日	神奇的大力士	★ 如何把纸立起来 ★ 纸的张力 ★ 制作纸房子（比谁的承重力大）
7月12日	会变色的水	★ 认识一些氧化现象 ★ 老师示范如何让茶水变色和还原 ★ 动手环节：做茶水变色实验
8月2日	奇妙的船世界	★ 展示各种船的演变历史 ★ 动手环节：搭建船
9月13日	彩色陀螺	★ 彩虹产生的原因 ★ 光的颜色 ★ 动手环节：陀螺比赛
10月11日	飞机的奥秘	★ 飞机的结构以及作用 ★ 动手环节：搭建飞机
11月8日	中国馆	★ 世博会的意义和吉祥物，中国馆的知识 ★ 动手环节：搭建中国馆
12月6日	美丽的孔雀	★ 了解孔雀的种类及外形特点 ★ 用乐高零件完成一个孔雀模型

2.充分利用图书馆的数字资源库，如"贝贝国学""知识视界"数字资源库等，面向小读者开放，并组织相关活动。如"贝贝国学体验营"、科普电影展播等。

第三梯度：针对所有的小朋友举办科普讲座、科普展览等，进行科普阅读推广宣传。

各个年节和寒暑假是图书馆的人气爆棚期，在这些特殊时期，举办科普阅读推广活动成效显著。比如，"嘉兴名人"系列讲座，中国优秀传统文化系列讲座，动植物图片展系列等，都取得了良好的效果。

三、"禾禾科普站"阅读推广活动开展的成效

由于"禾禾科普站"阅读推广活动的扎实推进，2013年，"禾禾科普站"少儿阅读推广活动被评为2013年度"文化有约"十佳项目之一。2014年，"禾

禾科普站"少儿阅读推广活动入选"嘉兴十大文化品牌候选活动"。2015年，各乡镇分馆根据各馆自己的实际情况和乡镇特色，已尝试开创自己独有的科普品牌。洪合分馆开展了"四季科普"少儿科普阅读推广活动，活动内容有科普讲座、科普小实验、科普图片展和科普电影等，结合洪合镇各方的社会力量，将科协、医院、消防队等引进图书馆参与活动。

"禾禾科普站"阅读推广活动秉承"以人为本"的理念，提供互动平台，助力各阶层人士成长。低幼读者在"玩中学、学中玩"中快乐开启科普知识的启蒙教育。家长朋友在交流育儿困惑和经验分享中共度亲子时光。各专业人士、志愿者团队成员学以致用、发挥所长，培养一颗颗热衷于公益事业的爱心。图书馆员在增强日常业务知识的同时，锻炼了开展活动的各项能力和服务能力。

图1　小朋友在参加嘉兴市图书馆"禾禾科普站"——搭建城堡活动

四、"禾禾科普站"少儿阅读推广活动的启示

1. 践行儿童优先原则，彰显公共图书馆优先考虑儿童的利益和需求

近几年来，嘉兴市城乡一体化公共图书馆服务体系成功建立，在其总分馆制度下，基层的乡镇分馆提档升级，所有乡镇（街道）分馆都拥有单独的亲子

悦读天地空间，拥有现代信息技术装备——小舞台及音响设备，为面向儿童群体的阅读指导服务提供了保障。

2. 树立馆藏新理念，加强图书馆儿童资料库建设

丰富的服务资源是图书馆开展儿童服务的前提和保障，第一，采购特殊纸质图书资源，如3D立体书，从动物、恐龙、军事、交通、科普等五个方面购买书籍，并在亲子悦读天地开辟"3D立体书互动体验区"，可通过扫描3D立体书二维码，下载软件，借书回家阅读。第二，采购"贝贝国学""知识视界"等数字资源库，将该类资源嵌入嘉兴市数字图书馆网站，利用多媒体信息技术，为读者提供服务。

3. 发挥自身优势，充分利用多方渠道，宣传科普阅读推广活动

嘉兴市图书馆利用总分馆联动的优势，采用线上线下同步推广的宣传模式，把每月的科普绘本推荐和绘本故事会，每月的科普站活动，寒暑假等特殊时期科普阅读活动，常规的科普展览、科普讲座等阅读推广活动，利用嘉兴市图书馆各级场馆及官网、官微、电子屏等同步宣传推广，同时利用嘉兴广电新闻出版局的"文化有约"网站进行活动宣传与预约报名。活动过程中，家长群体可以在文化有约平台、QQ群进行活动分享并提出改良建议，从而使活动不断完善。

4. 整合资源组建服务团队，创新科普阅读推广服务模式

科普启蒙知识涉及多个学科和领域，又因儿童年龄的特殊性，需要儿童心理学、教育学等多学科专业人才，需要社会的普遍关注及参与，必须联合多个学科领域共同努力。公共图书馆需联合教育局、科技馆、学校、幼儿园、社会公益组织机构以及科技界、心理学界、教育界的专业人士，组建服务团队，实行资源共建共享、各取所长，由科普绘本阅读到科普活动，再到科学小实验课堂和展览、讲座，这样由低级到高级，分梯度的阅读推广，能保证不同层次儿童的不同需求，从而保证活动开展的针对性和实效性。

嘉兴市城乡一体化公共图书馆服务体系的完善，为"禾禾科普站"阅读推广活动奠定了基础，分梯度的阅读推广设计保证了"禾禾科普站"阅读推广活动的有效开展。从可持续发展角度长远考虑，还需要借助第三方力量的加入，加快服务团队的培养和壮大，这也是我们今后努力的方向！

精彩科普讲座的案例分析

——以宁波市鄞州区图书馆"明州大讲堂"为例

陆幸幸　藤浩霞（宁波市鄞州区图书馆）

科学素质是公民素质的重要组成部分，公民的科学素质反映了一个国家或地区的软实力。在科学日益成为推动经济发展和社会进步重要力量的今天，青少年比任何时候都更需要科普知识的滋养以及科学精神的熏陶。以讲座的形式来传播科学是宁波市鄞州区图书馆"明州大讲堂"实现推广科普知识的方式，也是图书馆与社会大众之间互动的一个重要渠道。

一、开展科普讲座背景

"一只小蚂蚁在苹果上爬来爬去，无从下口。一只手为它掀开一点苹果皮，于是小蚂蚁尝到了苹果的甜头，就钻了进去。"这是中国科学院老科学家科普演讲团对青少年科普工作的理解，科普讲座就像掀开一点点的苹果皮，为"小蚂蚁"们打开并且进入蕴藏着海量知识和奥秘的科学技术宝库的大门。

科普讲座的目的是普及现代科学，介绍前沿技术，引起青少年的关注和兴趣。明州大讲堂科普讲座内容涵盖生物技术、生态与环保、地球科学、天文、航天、航空、激光、微电子、遥感、新材料、新能源等多学科知识。

科普讲座不仅突出知识性、科学性和通俗性，更强调趣味性和新颖性。中科院老科学家演讲团用互动式演讲方式，与青少年讨论交流先进的科普知识，用幽默的语言以及通俗易懂的演讲方式传授最新的技术成果。

鄞州区图书馆是中科院老科学家演讲团首批授予的"国家科普教育基地"。自2008年起，鄞州区图书馆"明州大讲堂"开始携手中科院老科学家演讲团，为鄞州区青少年送去一场又一场难得的、精彩的、高水准的"科学盛宴"。据统计，迄今为止，"明州大讲堂"共邀请了白武明、徐文耀、徐德诗、潘习哲、陈洪、高登义、郭耕、焦维新、王俊杰等 25 位科学家先后为全区 227 所学校、18 家单位、部队带去 255 场科普讲座。

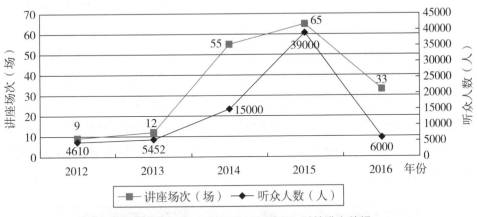

图1　2012—2016 年"明州大讲堂"科普讲座数据

二、科普讲座活动流程

鄞州区图书馆"明州大讲堂"科普讲座在宁波市社科联、鄞州区文广新局、鄞州区教育局、鄞州区科协等多家单位的支持下顺利开展。

科普讲座的报名采用点单形式，首先在鄞州区教育局网站公布主讲的科学家以及讲课题目，让全区学校进入网站抢先报名，按"先报先得，每校一场"的原则；然后我馆工作人员联系学校老师，陪同科学家进校讲课，做好记录工作；第三，讲座结束后，由学校反馈学生的心得总结、现场照片；第四，讲座结束后，组织科学家和宁波市社科联、鄞州区文广新局、鄞州区教育局、鄞州区科协等领导以及鄞州区中小学校师生代表开展座谈会，针对科普讲座的优缺点提出意见及建议，并制定未来科普讲座发展方向；第五，邀请网站、报纸等媒体报道科普讲座开展的征文比赛；第六，组织各校学生撰写"科普讲座"征文，并且邀请专业的评委老师进行评比打分，评出小学组、初中组、高中组优秀作品，进行奖励，并刊印获奖科普作文集，汇编成册。

三、科普讲座案例分析

2016 年 5 月 17—20 日，由鄞州区文广新局、鄞州区教育局、鄞州区科协主办，鄞州区图书馆承办的"明州大讲堂"开启了科普讲座巡讲周。本次活动共邀请中科院老科学家演讲团4位科学家为鄞州区29所中小学校、2家单位约6000位听众带来精彩的科普讲座。

5月17日，北京大学地球与空间科学学院焦维新教授走进鄞州区横溪镇中学，给同学们带来了一场名为"载人航天与天宫实验室"的航天科普讲座。讲座一开始，焦教授就向学生们展示了一些珍贵的照片，介绍飞船、航天飞机和空间站各自的特点。接着播放了航天员太空生活趣事的影片，讲述了中国神舟飞船、天宫实验及空间站的相关知识，把神秘的探月工程和载人航天技术用通俗的语言表达得妙趣横生。焦教授的科普讲座激发了同学们对航天科技知识的兴趣，他告诉同学们要探索科学，就得好好学习，掌握科学知识，要有坚强的意志迎接挑战。

图2　焦维新教授正在做讲座"载人航天与天宫实验室"

5月17日，中国科学院研究员、博士生导师郭传杰走进鄞州东吴中心小学做科普讲座"从化学看雾霾：形成机制与防控"。"你们知道吗？人世间，最痛苦的不是生与死的离别，而是我在街头牵着你的手，却看不见你的脸。这是为什么呢？哎，当然是因为雾霾咯！"一开始，郭教授就用幽默的语言调动起大家的兴趣。雾霾其实是由一些小颗粒组成的，那些颗粒用人的肉眼是无法看到的，它虽然小，但威力十足。洛杉矶因为雾霾变得乌烟瘴气，英国伦敦因工厂大量排出浓烟致万人死亡，这些都是雾霾的危害。为此，郭教授提出几点建议，例如自备口罩、勤洗手洗脸、多吃水果和蔬菜、植树造林、低碳出行等。讲座最后，郭教授号召大家行动起来，共同抵制雾霾，携手保护环境。

图3　郭传杰教授正在为东吴中心小学学生答疑解惑

5月18日，中国科学院老科学家科普演讲团团长白武明教授来到鄞州区凤岙学校，开展科普讲座"科学就在我们身边——从大陆漂移、地幔对流到板块构造"。白教授从学生们耳熟能详的成语入手，并播放了许多生动直观的影像资料，在相应的时机引出"地球老爷爷到底有多大""地球的磁场是什么玩意儿"等许多有趣的问题。围绕这几个问题，白教授用诙谐生动的语言向同学们逐渐揭开了地球的神秘面纱。他介绍了地球科学从大陆漂移、海底扩张到板块构造学说的发展进程，地球内部物质运动的过程以及对地球表面地震、火山、海啸等各种自然现象的影响。白武明教授的讲座让学生们发现科学并不是那么神秘，科学就在我们身边。

图 4　郭耕教授正在扮演老虎为学生们上课

5月19日，北京麋鹿生态实验中心暨麋鹿苑博物馆副馆长郭耕教授走进鄞州区章水中心小学开展科普讲座"生态、生命、生活"。"你拍一，我拍一，地球妈妈穿花衣；你拍二，我拍二，人和动物好伙伴……"，郭耕教授用一首朗朗上口的动物保护拍手歌调动起同学们的兴趣。讲座中，郭耕教授向同学们展示了在宁波的公园里和大街上拍摄到的鸟类照片，有宁波常见的乌鸫（百舌鸟）、伯劳等。据统计，我国已经建成自然保护区 2700 多个，面积达 150 万平方公里，约占国土面积的 14.9%，但是我国的 90% 的草原在退化，物种濒危在加剧，233 种脊椎动物面临灭绝。人类的文明，从砍第一棵树开始，到砍最后一棵树结束。讲座临近尾声，郭耕教授为同学们演了一出独角戏，扮演了老虎、猩猩、麋鹿等多种动物角色，让同学们明白保护动物的重要性。

鄞州高级中学张文彬同学说："我格外喜欢鄞州区图书馆组织的科普系列讲座。从高一到高三，从天文到地理，从航空到航天，我不停地穿梭其中，眼花缭乱，其乐融融。"

我们坚信，小树苗在适当养分的浇灌下会发芽、成长，最终会长成参天大树。多年以后，这些听过科学家讲座的孩子们会成长为有科学素养的有用之才，甚至产生科学家，这是我们所期盼的，也是我们为此孜孜以求的动力。

四、效果

鄞州区"明州大讲堂"科普讲座通过多年的努力，目前收获的荣誉有：

2012 年，被宁波市委宣传部、宁波市教育局、宁波市科技局、宁波市科学技术协会授予"宁波市科普教育基地"称号；2013 年、2014 年，连续两年被宁波市社会科学界联合会评为"宁波市社科讲坛优秀授课点"；2014 年，被中国科学院老科学家科普演讲团授予全国第一批"科普教育基地"称号。

五、小结

科学家们用渊博的专业知识、幽默的演讲方式，帮助孩子们树立了正确的科学思想观，掌握了正确的科学方法。2008 年至 2016 年 5 月，明州大讲堂科普讲座进校园活动的开展，直接参与听讲的人数达 125000 人次，有条件的学校还通过网络、视频为全校师生进行现场直播，间接听众达 20 多万人次。通过与科学家们面对面零距离的接触，有效激发了同学们学习科学、探索科学的兴趣。

中科院老科学家演讲团团长白武明表示：鄞州区图书馆应该发挥好科普基地作用，如让学生走进北京，走进中国科学院，走进科技大学，走进科学家们的实验室等，这样近距离感受科学家所处的环境，也是一种很好的科普教育。

鄞州区图书馆馆长胡春波表示：组织相关科普书籍推荐，将成为今后学校推出的新尝试，通过阅读巩固和延伸讲座的成果，是今后需要加强的方面。鄞州区图书馆会尝试开展走出去活动，让科普讲座的影响力更加持久深远。

强化安全意识　提高避险能力

——天津市河西区少年儿童图书馆安全教育活动

孙洁蕊（天津市河西区少年儿童图书馆）

一、案例主题

为了进一步强化少年儿童安全教育工作，提高少年儿童应对事故的应急处理能力，帮助他们树立安全意识、掌握安全知识，提高自我保护和自救能力，2016 年天津市河西区少年儿童图书馆开展了形式多样、内容丰富的安全宣传教育活动。活动主题是"强化安全意识　提高避险能力"。

二、开展背景

天津市河西区少年儿童图书馆自 2013 年 5 月被确定为天津市河西区科普教育基地后，立足馆藏资源，结合馆内实际，与时俱进、开拓创新，一直致力于加强对青少年的科普教育，不断发挥科普基地的教育和普及功能，已经连续四年利用馆内资源开展科普阅读推广、科普知识宣传工作。

河西区少年儿童图书馆将少年儿童作为科普教育的对象，结合素质教育，把培养科学精神、科学意识作为科普教育的重要内容，引导少年儿童热爱科学、学习科学，同时，丰富学生阅历、激扬学生个性，增强实践能力、培养创新精神。

三、活动流程

2016 年河西区少年儿童图书馆积极策划科普基地教育活动，确定活动方向为安全教育工作。为了使安全教育更加深入人心、更加贴近群众，河西区少年儿童图书馆围绕活动主题，组织策划了一系列形式多样、内容丰富的科普活动。通过与河西区公安消防支队复兴门中队和枫林路中学的多次沟通协调，确定了活动的相关内容，制定并下发了《2016 年河西区少年儿童图书馆科普教育基地活动方案》。

表 1　2016 年河西区少年儿童图书馆科普教育基地活动方案

2016 年河西区少年儿童图书馆科普教育基地活动方案
——强化安全意识　提高避险能力

　　通过开展普及安全教育的系列活动，进一步强化少年儿童安全教育工作，提高少年儿童应对事故的应急处理能力，帮助他们树立安全意识、掌握安全知识，提高自我保护和自救能力。同时动员全社会共同关注少年儿童安全工作，最大限度地预防和减少各种安全事故的发生，切实保障少年儿童的人身安全。

一、活动主题：
强化安全意识　提高避险能力

二、活动时间：
2016 年 5 月 14—31 日

三、主办单位：河西区少年儿童图书馆
承办单位：河西区公安消防支队复兴门中队、枫林路中学

四、活动地点：
河西区公安消防支队复兴门中队、枫林路中学、河西区少年儿童图书馆

五、活动形式：
1. 带领学生到消防队实地学习使用灭火器材，并练习逃生技能；
2. 邀请消防中队长充当安全教育推广员现场讲座及宣传；
3. 制作安全教育展牌，在学校、消防队、馆内巡回展出，制作安全教育折页免费发放；
4. 举办"强化安全意识　提高避险能力"科普书展，让消防员和学生共同交流学习；
5. 组织放映关于科普知识、安全防护知识的短片。

河西区少年儿童图书馆
河西区公安消防支队复兴门中队
2016 年 4 月 10 日

图 1　学生们学习使用灭火器

图 2　学生们参观消防工作车

四、活动过程

1. 走进消防中队，学习逃生技能

河西区少年儿童图书馆员工走出图书馆，连同枫林路中学师生共 50 人走进河西区公安消防支队复兴门中队，听消防中队长现场讲解安全知识、观摩消防官兵的实地演练、参观消防工作车，使同学们体会到官兵战士训练的刻苦和灾难发生时救援的艰难性。同学们还亲自上阵跟消防员学习正确使用灭火器的方法，切实体会到学习逃生技能的必要性。

2. 制作安全教育展牌，发放安全教育折页

河西区少年儿童图书馆制作安全教育宣传展牌，在学校、消防队、馆内巡回展出，供师生和读者阅读。同时，制作了安全教育折页免费向读者发放。展牌与宣传折页以卡通漫画的形式介绍了公共场所和家庭中逃生自救的各种方法，起到了宣传和警示作用。其内容由河西区少年儿童图书馆和河西区公安消防支队复兴门中队两家共同编写，保证了宣传内容的准确性和专业性，也促进了图书馆和消防队的合作，共同传播科普知识与科普理念。

3. 举办主题书展，推广科普阅读

河西区少年儿童图书馆携带安全教育的图书来到消防复兴门中队举办“强化安全意识　提高避险能力”主题书展，部分消防员和同学参加了此次书展，使同学们有机会与消防员面对面交流安全知识、相互分享阅读心得。携手共同阅读、共同交流，安全知识给军民架起了一座沟通的桥梁。

同时，在馆内也举办了主题书展。利用河西区少年儿童图书馆丰富的科普书籍，让学生在课余时间走进图书馆学习安全知识及其他方面的科普知识，开阔自己的视野。

表 2　2016 年河西区少年儿童图书馆科普书展图书目录

序号	书　　名	出版社
1	有趣的安全标志：小小图标保安全	化学工业出版社
2	安全知识	浙江少年儿童出版社
3	安全我知道	海豚出版社
4	让你一生平安的安全课	广州出版社

续表

序号	书　　名	出版社
5	安全教育知识读本	国家行政学院出版社
6	幼儿安全 180 计：出行	云南教育出版社
7	儿童完全自救手册	机械工业出版社
8	自救互助	浙江少年儿童出版社
9	远离危机	浙江少年儿童出版社
10	居家安全	浙江少年儿童出版社
11	平安出行	浙江少年儿童出版社
12	儿童 45 种自我保护的方法	天津社会科学院出版社
13	校园外的危机：中学生校外安全自救指导	中国广播电视大学出版社
14	勇敢的消防员	安徽少年儿童出版社
15	消防员有多快？：鲜为人知的消防知识	中国铁道出版社
16	烈火消防队	湖北教育出版社
17	消防员去救火	北京科学技术出版社
18	没有水的消防车	中国少年儿童出版社
19	面对危险怎么办？：青少年紧急自护手册	中国妇女出版社
20	灾难自救书	北方文艺出版社

4. 利用多媒体手段，放映安全知识短片

河西区少年儿童馆科普基地在开展主题书展的同时，还通过现代化的多媒体设备传播科普知识，在综合阅览室开展安全防护知识短片专场放映，放映的短片包括《不要在野外玩火》《在大树下躲雨很危险》《过马路要小心》《安全乘车》等，小读者通过观看视频内容，加深对火灾危害、野外危害和交通事故的认识，巩固逃生自救的方法，同时又激发出他们阅读和学习安全知识的兴趣。

五、案例分析与总结

对青少年开展科普教育，是向青少年传播科学思想、科学精神和科学方法的有效措施，是素质教育的重要内容。青少年时期是人生成长的重要阶段，具有很强的可塑性，加强青少年科普教育，引导他们参加科普活动，能培养他们对科学的兴趣、爱好，能培养学生勤于钻研、勤于思考、勤于研究的良好习惯，也是培养学生创新精神和实践能力的重要途径和手段。

2016 年天津市河西区少年儿童图书馆在科普教育基地活动中，首先通过科普知识展牌、科普图书推荐、发放科普宣传页等科普阅读推广工作，其次通过走进消防队、亲身学习灭火、实地逃生演习等形式的科普体验工作，使到馆读者和枫林路中学的同学们加深了对安全教育的认识，了解了消防逃生自救的基本方法，对他们在成长过程中注重安全防护起到了警示作用。活动通过在少年儿童群体中普及消防安全知识，从而增强少儿对突发火灾危险的抵御能力，努力减少火灾对国家和人民生命财产的危害。

该项活动由图书馆和消防队合作共建的，内容丰富、意见深远，一个是科普知识的讲解者，一个是科普知识的传播者，双方都致力于科普阅读的推广，安全知识在军民之间架起了一座沟通的桥梁。双方共同推广科普知识是共建、共赢的举措，希望今后加强双方之间的联系、互相支持，为科普基地的建设做出更大的贡献，最大限度地预防青少年各种安全事故的发生。

由于活动成功举办，河西区少年儿童图书馆荣获天津市河西科学技术委员会颁发的"第 30 届天津市河西区科技周活动优秀组织单位"和"第 30 届天津市河西区科技周优秀组织者"称号。活动还得到了《天津日报·新河西》、河西政务网、北方网等媒体的多次报道。

太仓市图书馆"哇哦"科学实验室

张　露（太仓市图书馆）

一、背景

江苏省太仓市图书馆通过创办"哇哦"科学实验室这个品牌项目，希望能激发学生爱科学、学科学、用科学的热情，培养青少年的创新精神和实践能力。

二、主要内容

"哇哦"科学实验室是太仓市图书馆与青少年科普基地于 2015 年合作推出的一项少儿活动，涵盖天文、化学、机器人、动态模型等多类科学课堂，通过让孩子们亲自动手操作，引导他们观察、分析各种科学现象，培养学生探究科学的精神，激发学习兴趣，增强动手实践能力，培养创新思维。

"哇哦"科学实验室师资团队主要由太仓市青少年科普实践基地提供，目前有十多名志愿者老师主要负责，老师都具有较强的专业技能和经验。活动每月定期举办，由老师设计不同形式的主题，服务对象以小学三年级至六年级学生为主，通过微信公众平台报名参与。活动一经推出就受到了广大家长学生的高度关注，每次报名都异常踊跃。活动通过实验和互动的形式，吸引广大青少年学生的踊跃参与，图书馆成为他们课外动手动脑、体验科普趣味的乐园。纯公益、无差异的门槛也让更多人群体验到学习科普知识的乐趣，为青少年提供多样的学习平台，开阔他们的眼界。

1. 活动流程

专项负责人提前半个月联系老师—确认活动时间、主题—制作宣传海报—微信、微博、馆内同步宣传—活动前一周报名—活动前一天电话确认—活动当天组织开展—活动结束，微博、微信回顾总结—活动简讯整理存档。

2. 开展过程

以飞机模型主题活动为例，首先由王老师耐心地为孩子们讲解航模的意义及基本结构、各部件之间的工作原理，并向孩子们发放制作航模的材料。随后现场教大家制作航模，从每个小零件的构建一直到机翼的拼接。

图 1　王老师指导孩子们组装飞机模型

孩子们在老师细致入微的指导下，开始组装飞机模型的主支架，粘贴机翼、尾翼，最后也是最关键的一步，就是给飞机装动力系统——橡皮筋及螺旋桨：把橡皮筋打个死结再绕三圈，两边分别钩在飞机模型的头尾，一个造型简单别致的飞机模型就成功了。

这个活动既培养了孩子的动手能力，又发掘孩子勤于思考、敢于尝试的行为能力。最后在试飞过程中，不断调整和修复，最终大家都呈现了非常完美的作品。把科普知识融入航模活动，培养了青少年们对科学知识的兴趣，提高了他们的动手能力，让青少年不仅体验到了航模科技的魅力，同时也丰富了自己的科普知识。

图 2 "仰望星空"主题活动

三、活动宣传

太仓市图书馆在开展科普推广活动中十分重视宣传与推广,积极运用电视、网络等媒体,宣传了图书馆阅读推广工作,也为科普服务、科普宣传拓展了阵地。

自媒体:在微博、微信平台上,都会进行活动的前期和后期宣传,发布活动预告、展示活动内容,并与粉丝在平台上进行互动。

纸质媒介:本地报纸《太仓日报》的"娄东文化"专版上,太仓市图书馆定期会发布图书馆相关活动信息的报道,让市领导及市民及时了解图书馆的科普活动情况,积极参与科普与阅读的活动。

电视媒体:太仓市图书馆与太仓电视台"娄东民生"栏目合作开辟"娄东大书房"节目。全年录制节目48期,其中包括10期科普书目推荐,通过电视媒体向读者普及科学知识、传播科学思想、弘扬科学精神。

四、活动成果

"哇哦"科学实验室持续开展两年来，我们收获了一大批科普热衷粉，每期活动报名都感受到了他们火一样的热情，活动也获得了社会各界的广泛认可和好评：

曾获太仓市科学技术协会颁发的"2014 年度太仓市科协系统先进集体"称号；

获太仓全民科学素质工作领导办公室颁发的"2014—2015 年度太仓市全民科学素质工作先进集体"称号；

获 2015 年度太仓市第二十七届科普宣传周、全国科普日活动优秀组织奖；

获 2015 年度太仓市第二十七届科普宣传周、全国科普日活动创新活动奖；

获太仓全民科学素质工作领导办公室颁发的科普优秀组织奖；

获苏州市社会科学普及示范基地（2015—2017）；等等。

"阳光阅读计划——读百科·看世界"
少儿科普阅读推广活动

麦敏华（深圳市宝安区图书馆）

一、案例概况

深圳市宝山区图书馆针对 7 家基层分馆读者群特点，关注基层外来务工人员子女阅读，制定详细的阅读推广计划，扎根基层开展科普阅读推广活动。活动分四个阶段进行，环环相扣，主题首尾呼应，为少儿读者带来跨越古今中外文化时空的科普阅读之旅。整个活动贯穿全年，让孩子们持续关注阅读，激发他们的阅读兴趣。

二、活动开展背景

公共图书馆作为政府主办的社会公共文化服务机构，承担着全民阅读推广和继续教育的责任，是广大民众终身学习的基地，更是少年儿童阅读推广的主要阵地。图书馆作为学生的"第二课堂"，向广大未成年人推广阅读，激发他们的阅读兴趣，让未成年人快乐阅读、健康阅读，是一项义不容辞的社会职责。

深圳市宝安区图书馆有 7 家直属分馆，分别建设在工业区和大型厂区，成人读者占大多数，未成年读者大部分是来自周边的外来务工人员子女。针对基层图书馆读者群体的特点，宝安区图书馆从 2013 年开始推出面向基层馆的"阳光阅读计划"，通过阅读分享会、阅读达人评选、征文比赛等形式，扎根基层开展阅读推广活动。针对基层图书馆的未成年人，每年都会开展不同主题的阅读活动，其中，科普阅读推广是重要主题之一。相对于儿童文学作品，少儿科普读物本身在培养孩子学习科学知识，以及探索世界的科学精神方面有着不可替代的作用。一本好书可以影响人的一生，科普阅读可以激发少年儿童的科学理想和梦想，让他们了解科学，接近科学，从小培养科学的探究精神和素养。为此，2016 年，宝安区图书馆与民间公益阅读机构"芸香读书会"合作，面向各基层分馆推出了"阳光阅读计划——读百科·看世界"少儿科普阅读推广系列活动，与少儿读者分享科普阅读的乐趣。

三、活动流程

活动共分四个阶段，环环相扣，主题首尾呼应，整个活动贯穿 2016 年，为少儿读者带来一次跨越古今中外文化时空的科普阅读之旅。

（一）选书阶段：围绕"读百科·看世界"这个主题，经过多方筛选，确定本年阅读分享的两套丛书，分别是《不列颠少儿百科全书》（全十册，浙江少年儿童出版社）和《中国记忆·传统节日》（全十二册，北京师范大学出版社）。

（二）预热阶段：阅读分享活动分别在各个分馆展开，每月举办一至两场，一共开展十场阅读分享会。为了让少儿读者们能提前了解图书的内容，增加现场参与的积极性与投入度，各分馆都配送了这两套科普丛书，并提前组织少儿读者进行阅读。

（三）分享阶段：现场分享的老师来自不同的行业，既有学校老师也有文化义工，通过 PPT 展示、视频欣赏、趣味问答等方式，分享《不列颠少儿百科全书》中十个不同主题的科普知识。

（四）竞赛阶段：通过前期活动寻找阅读小达人，开展阅读分享比赛。完成上一阶段分享活动后，每个分馆从参加活动的少儿读者中挑选出一至两人，于 11 月"深圳读书月"期间参加"中国传统节日阅读分享比赛"。分享比赛采用《中国记忆·传统节日》丛书为主题，每名参赛者选取一个中国传统节日为素材，经过阅读图书与创作加工，在比赛现场通过故事、视频、音乐舞蹈等形式对中国的传统节日进行展现与分享。

四、活动开展过程

为了吸引更多的孩子参加这项活动，走进科学世界，爱上科普阅读，我馆前期做了大量准备工作，为每个分馆配置全套丛书各 2 套，便于孩子们借阅；

由总馆统一印制海报、横幅进行活动宣传。活动与"芸香读书会"合作，由读书会专门邀请经验丰富的学校老师和义工担任分享嘉宾，每场活动的内容不同，分享嘉宾也不一样，各位嘉宾分享的角度不同、风格各异，精彩纷呈，每场活动现场气氛极为活跃，深受孩子们的欢迎甚至追捧。

《不列颠少儿百科全书》共有十册，分别为《地球与地球科学》《自然科学与技术》《艺术》《世界名人》《亚洲与大洋洲》《欧洲》《美洲与非洲》《植物》《鸟、昆虫、爬行类与水生动物》和《哺乳动物》，从不同的领域不同的方向引导孩子们探索世界、认识世界。《中国记忆·传统节日》共有十二册，从中可以了解这些耳熟能详的节日的来历和有趣故事。通过系列科普阅读，让孩子们感知现实世界和生活的五彩斑斓，让想象的翅膀在科学的世界翱翔。从 3 月至今，活动已完成了前三阶段，共开展阅读分享会 10 场，吸引了近 300 位小读者参加。小读者们既有约同学一起参加的，也有由家长陪同参加的。有些小读者为了能多参加几场活动，连续跑了几个分馆还意犹未尽。

五、活动经验分享

（一）扎根基层，关注弱势群体的阅读推广

由于活动面向基层，在各分馆开展，活动的对象大多为外来劳务工人员子女，暑假期间还有相当多的来深留守儿童参与其中。这些孩子的父母平时都忙于工作，亲子沟通和阅读分享机会较少，图书馆是孩子们学习和休闲的重要场所。在活动现场也发现，有时候一个比较简单的问题，可能城里的孩子轻易就能回答出来，而在基层稍偏远社区生活的孩子，则需要苦苦思索和更多的引导。通过本系列科普阅读推广活动，让我们深深地感觉到基层阅读推广工作任重而道远。

（二）主题鲜明，围绕科普专题开展阅读推广活动

这是持续全年的科普阅读系列活动，为少儿读者营造了浓厚的科普阅读氛围，从而激发了他们对科普类图书的阅读兴趣。孩子们往往是参加完一场阅读分享后，马上就在馆内借阅同类型的图书，对当期分享的主题进行更深入的了解和学习，阅读推广效果明显。

图1 新安大浪分馆活动

图2 阅读小达人合影

（三）定位清晰，适应目标群体特点，活动形式生动活泼

少年儿童的年龄跨度大，在识字量、理解能力上存在着很大的差异，选择适合的科普读物对活动的成效至关重要。通过调查分析，宝图分馆的少儿读者年龄大多介于幼儿园至小学中低年级阶段，因此我们推荐《不列颠少儿百科全书》，该书内容丰富、图片精美、富有教益，以专题的形式介绍百科知识，是一套集专业性和趣味性于一体的少儿百科全书。作为竞赛分享的《中国记忆·传统节日》系列丛书，图文同样精美，取材自中国传统民间节日，贴近生活，让人备感亲切。而阅读分享会的形式，通过现场边分享边互动，配以视频、音乐、图片等元素，牢牢抓住孩子们的注意力，从书中找答案进行抢答，更是增添了活动的趣味性。

（四）合作共赢，与民间阅读组织合作，各展所长

这一系列活动从策划到开展，一直与"芸香读书会"紧密合作。由各分馆提供场地，进行前期宣传和读者组织，以各分馆作为竞赛单位协助小读者参加最后的阅读分享比赛；而读书会则负责推荐科普阅读的主题丛书，邀请民间阅读推广人并策划开展每场阅读分享会。双方充分利用各自的资源优势，共同合作使活动得以顺利开展。本次活动为探索图书馆与民间阅读组织的合作模式提供了良好的样本示范。

（五）策划周密，注重活动的系列性与联动性

"阳光阅读计划"是宝图基层阅读推广活动的品牌，而"读百科·看世界"则是其中的科普专题系列活动。活动从今年（2016 年）初开展至今，已完成了前三个阶段，阅读分享竞赛将作为压轴活动，为今年的科普阅读推广划上圆满的句号。通过系列活动的开展，充分体现了主题活动系列性与联动性所产生的良好效应。少儿读者们对该主题保持了持续的关注度，各分馆联动开展活动，在宣传上也形成了规模效益，使活动从宣传到开展，热度从年初持续到年底，真正发挥了效益的最大化。自开展该项活动以来，各基层分馆借阅青少年科普类图书的数量有了明显的增长。

表1 深圳市宝安区图书馆2016年"阳光阅读计划
——读百科·看世界"少儿科普阅读活动完成情况表

分馆	活动地址	活动时间	活动主题	分享嘉宾	参加活动人数
新安兴东分馆	新安街道71区兴东社区留仙二路二巷18号一楼	3月20日（周日）	《地球与地球科学》	刘　远	20人
		4月17日（周日）	《自然科学与技术》	宋　坤	27人
新安街道分馆	新安街道23区大宝路新安福利安置区H栋二楼	5月22日（周日）	《世界名人》	张　纲	26人
		6月19日（周日）	《植物》	李　霞	28人
新安大浪分馆	新安街道28区新安三路建达工业区2栋宿舍楼12–16号一楼	7月10日（周日）	《欧洲》	刘　远	22人
		7月17日（周日）	《亚洲与大洋洲》	李秀霞	29人
沙井畅鸿分馆	沙井街道畅鸿塑胶制品厂畅鸿活动中心一楼	8月7日（周日）	《鸟、昆虫、爬行类与水生动物》	宋　坤	28人
石岩水田分馆	石岩街道水田社区长城路同富康水田工业区综合楼二楼	8月14日（周日）	《美洲与非洲》	孟筱羽	46人
西乡伟创力分馆	西乡街道固戍愉盛工业区A3栋一楼	8月21日（周日）	《艺术》	袁　飞	38人
深圳机场分馆	宝安区航站一路1005号宝安区国际机场职工俱乐部3楼	8月28日（周日）	《哺乳动物》	朱丽鹃	36人

争做科普小能手

曾　杨（柳州市图书馆）

一、案例主题

"争做科普小能手"是柳州市图书馆针对少年儿童的科普系列活动。该活动从 2014 年进行策划和部署，2015 年开始实施。在活动过程中不断改进，不断创新，以面向少年儿童群体推广科普阅读为目标，采用科普知识竞赛、与广西科技大学合办活动、举行主题科普阅读讲座等多种活动形式。有多家本地主流媒体进行报道，获得了学校、家长、少年儿童和社会的一致好评。

二、主要活动

（一）"游运有余"智力闯关抢答赛

活动目的：为迎接元旦佳节的到来，丰富小读者们的假期文化生活，柳州市图书馆结合图书馆特色，开展趣味游园活动，此次活动旨在考察、培养和提高孩子们的手脑结合能力，通过活动答题加深科普知识的印象和理解，调动孩子们自主学习科普知识的兴趣，让孩子们在活动中获取知识、培养能力，在书海中度过一个充满书香趣味的元旦佳节。

（二）"百科点睛我来答"六一趣味知识活动

活动目的：为了迎接"六一国际儿童节"的到来，吸引少年儿童博览群书，了解百科知识，柳州市图书馆策划举办"百科点睛我来答"趣味知识活动，活动以科普知识为主线，旨在吸引小读者探索科普知识，阅读科普读物。与此活动相配套，特别制作了科普类书籍宣传海报，将优秀的科普书籍详细地向少儿读者和家长推荐介绍，为少儿读者提供明确而清晰的阅读指向，营造浓郁的书香氛围。同时，在少儿室内设立优秀科普书籍专架，提供《可怕的科学》《法布尔昆虫记》《小牛顿科学馆》《万物简史》《科学实验王》《小小牛顿幼儿馆》《HOW & WHY》系列等优秀科普书籍供少儿读者阅读。

图 1 "百科点睛我来答"六一趣味知识活动现场

（三）汽车科普小课堂

活动目的：随着社会的快速发展，汽车已成为家庭的主要出行工具。柳州是工业城市，又是广西"汽车城"，为了让人们更好地了解汽车的知识，我馆少儿部与广西科技大学汽车学院合作，让该院优秀大学生走进图书馆，通过课件讲解、汽车模型观摩等方式给小读者们讲解汽车的发展史、结构原理等知识，进而推广科普相关书籍。

图 2 汽车科普小课堂

图 3 小读者观摩汽车创意设计大赛

三、开展过程

（一）人员配置

负责这一项目的柳州市图书馆少儿部有从事图书馆工作 30 年的馆员，也有英语专业、学前教育专业的馆员，馆外参与人员主要有合作单位广西科技大学汽车学院的学生会成员及大学生志愿者。

（二）加强学习培训

少儿部人员加强学习培训。每周固定时间开展科普图书阅读方面的学习培训，以及科普阅读推广活动开展的经验总结和活动创意讨论。

少儿部人员定期到合作单位广西科技大学汽车学院参加学习培训，反复确认系列活动的流程并不断完善，凭借多年的少儿阅读工作经验从多方面考虑并完善活动方式方法，以期最大限度地调动孩子们对科普阅读的兴趣。

（三）活动前期培训

1.组织部门人员学习探秘汽车百科相关知识。

2.对志愿者进行科普图书的系统培训。

3.活动前对馆员和志愿者进行课程讲演培训。

（四）活动实施内容

1. 科普知识喜游园，元旦活动情暖冬

元旦举行的科普知识游园活动已连续举办两年，深受柳州市家长和孩子们的好评。两次的活动形式不太一样，核心始终是考察科普知识，推广科普阅读，活动一直在不断进步和完善，其多样化的游园活动也成了每年元旦家长和孩子们的期待。孩子们不仅能够从活动中得到乐趣，更能收获宝贵的知识。柳州市图书馆希望能通过运动和知识相结合的活动，让科普阅读进入孩子们的视野，帮助他们在假期生活中加强对科普知识的学习，度过一个有意义的寒假。

2. 六一读书我在行，科普知识我来答

六一是孩子们最期待的节日之一，科普知识是我们图书馆送给孩子们最好的礼物。六一的知识竞答活动已经举办了两次，每一次都能吸引大量的读者。活动结束后，柳州市图书馆少儿阅览室专门设立的百科知识图书专区里总是围坐着正在认真学习、查阅书籍的孩子们，这里成为孩子们快速进行知识补充和积累的学习园地。知识竞答是孩子们课后的一次玩乐，少儿部在不断创新和尝试中，打造出适合孩子自我学习、开阔视野、激发潜能的成长乐园。让孩子们荡漾在百科知识的海洋里，获取更多的知识，通过阅读和积累，插上知识的翅膀，展翅高飞。

3. "百科探秘，玩转汽车"，世界读书少年争先

来自广西科技大学汽车学院的大学生志愿者们，通过课件讲解、汽车模型观摩等形式，讲解汽车的发展史、结构原理等知识，给到场的少儿读者生动地讲解汽车科普知识，受到小读者们的欢迎。小赛车在无人控制的情况下，通过视觉识别系统，在赛道内自动、灵巧地转向行进，引起了小读者们的浓厚兴趣。

我们希望通过寓教于乐的方式，培养孩子们的兴趣，从而提升孩子们对科普知识的了解及阅读兴趣，让科普阅读的概念深入心中，发掘出对科普阅读的渴求，有利于发展多元化的阅读氛围。

图 4 "百科探秘 玩转汽车"活动

四、案例分析与总结

（一）媒体报道：传递正能量 推广阅读理念

2016 年 4 月 16 日晚柳州电视台的《柳州新闻》以"快乐阅读 健康成长"为专题播放了活动的相关报道；4 月 17 日的《南国今报》《柳州晚报》、2016 年 5 月 9 日的《柳州晚报》均对活动进行了图文报道并给予好评，社会反映良好。

（二）增强了孩子的科普求知欲

在"争做科普小能手"系列活动的过程中，孩子们对于科普知识有了系统、初步的了解，孩子们在活动结束时仍然意犹未尽。通过参加活动，孩子们的科普求知欲不断增强，他们对未来图书馆的活动充满了期待。

（三）提高孩子们的阅读兴趣

"争做科普小能手"系列活动让孩子们以寓教于乐的方式亲近阅读，激发了他们更多的阅读兴趣。

（四）活动成果与影响

本次系列活动共有 3000 多人参与，共举办了 6 场不同的活动，得到《柳州晚报》等当地媒体 6 次评论报道，走进合作单位广西科技大学汽车学院举办活动 2 次，在馆内馆外得到高度的赞扬，在学校和社会上产生了深远的影响。很多家长和小读者都因本次活动感受到了科普知识的魅力，纷纷表示会重视科普阅读，有意识地增强自己的科普知识，并继续期待我们图书馆的其他活动。

活动结束后，馆内的科普图书借阅量明显大幅提升，据学校老师反馈，在学校内有关科普知识的讨论也大幅增长。

光影悦动炫科技，多维立体普新知

——深圳大学图书馆《科技新知》视频节目引领科普阅读新体验

陈若韵　李慧君　丁海燕　蔡建芳（深圳大学图书馆）

一、案例概况

《科技新知》是深圳大学图书馆南馆读者部推出的以大众化解读为目的的科技资讯视频节目，并以此为阅读推广主题，结合馆藏、读者阅读需求等开展相关主题书展与图书推介活动。从 2012 年底诞生之日至今共计推出了科技新知的视频节目 20 余期，主办与视频节目主题相关联的专题大型书展或小规模的"专题书架"共计 10 余场次。

（一）背景

深圳大学图书馆南馆是以自然科学类、工科学类纸本文献为主要馆藏，2009 年后启用的新馆。馆内文化氛围亟待营造与构建，且必须契合馆藏特质。视觉表达是图书馆文化氛围构建的一个基本表现形式，鉴于此，我们决定用视觉呈现的形式来营造和表达一个理工类图书馆应有的科学气质，展现科学之美，探究真理之魂。

全媒体时代，电脑、手机等多元化阅读载体和微阅读、浅阅读等多种阅读方式的出现，将以纸媒为阅读载体的传统阅读方式推向了日渐式微的边缘。作为全媒体受众主力军的高校学生群体更是将电子化阅读推到了极致，高校图书馆纸本文献借阅量年年持续下降亦是最好的佐证。面对高校学生群体的阅读推广势在必行；面对其阅读习惯、方式、媒介的改变，针对其阅读需求的特质，创新阅读推广模式势在必行。

（二）目的和意义

作为一个立体化、多维度的阅读推广品牌，《科技新知》能够提供多种传播形态来满足读者的多元化需求，使读者获得更加及时、更多角度、更多听觉和视觉满足的阅读体验，进而推进科普读物的阅读。《科技新知》作为强调视觉表达的科普阅读推广项目，利用馆员自制的科普视频、好书推荐在图书馆各阅览室的电视屏幕上循环播放，书展中大型宣传展板引发的视觉冲击等亦对营造图书馆的文化科学氛围起到了立竿见影的效果。

（三）实施情况

1. 建立阅读推广专业团队

在馆领导的支持下，依托读者部工作人员建立阅读推广的专门团队共计11 人，除 1 人为专职外，其余均为兼职。团队人员专业背景含图书馆学、计算机科学、公共管理学、环境艺术设计、中国文学、物理教育、数学等。团队有专门的工作制度、规范和工作平台，根据成员专长各有分工与工作重点，强调协作、沟通、整体作战。

2. 构建阅读推广的运行模式

在这三年多的科普阅读品牌建设过程中，在多次的实践操作过程中，团队逐渐摸索出来一套行之有效的操作方法，总结出了一种参照性指导方略，构建了一个基于稳定、具有能效的阅读推广三角形运行模式（我们会在后面的创意亮点中重点阐述）。

3. 阅读推广活动的主题

在该模式的运作下，三年多的时间里我们利用 PPT、会声会影视频软件制作完成了以《科技新知》为题的 20 余期科普类图书或科普知识的专题系列视频，主办科普读物专题大型书展或小规模的"专题书架"共计 10 余场次，其内容涵盖气象、动植物、生态、航天航空、信息工程、物理学、科学史等。在整个推广活动中，我们试图以科学知识作为话语原点，以科学严谨的态度，在科学精神和人文沉思的双重解构下，以唯美的影像，质朴的言语娓娓阐述科学的真谛，引导读者发现科学之美，畅游科普读物的世界，启迪智慧。

4. 阅读推广活动的形式

当下资讯视频化的趋势锐不可当，视频节目中光与影的流动更具吸引力，让人驻足。视频比文字或者语音有先天的优势，所以我们选择视频传播作为阅读推广的主要形式。辅之以视频节目主题为主的专题大型书展或小规模的"专题书架"，通过大型宣传展板、精心设计的图书陈列，营造浓厚的阅读求知氛围，从而推广阅读。

（四）成效

1. 读者认可

经过三年多的努力打造，我们通过立体多维度展示，逐步建立了《科技新知》这一阅读品牌。《科技新知》已成为深大图书馆南馆一个不可或缺的文化背景墙和赏读节目，读者乐于关注新视频节目的推送，驻足观看或是在休憩的沙发上细嚼慢咽享受资讯视频作品带来的愉悦。在我们播放馆员自己制作的视频作品《引力波》《下一个风口：互联网+》《璀璨星空，绝美绽放——致敬哈勃，静待韦伯》等作品时，都有读者询问可否下载，或这个资料片是从哪个网站下载的。当馆员告知其作品为图书馆馆员原创时，读者一副膜拜状。在留言本中有同学评价："《科技新知》，南馆一道亮丽的风景线。""《科技新知》是我在南馆学习疲乏时的醒脑咖啡！""哈勃望远镜，给我最美的星空遐想。"

2. 借阅率提升

通过主题书展和专架陈列，我们的图书推荐成效显著。以其中两次书展的统计数据为例：《浩瀚星空，遐想无限科幻图书专题展》展示图书 348 册，借出图书 173 册，借阅率为 49.7%；《下一个风口：互联网+》主题书展中推荐展示图书 184 册，借出图书 96 册，借阅率为 52.1%。

3. 馆员成长

阅读推广活动从主题策划、文案撰写、视频制作、展板宣传设计、布展等系列工作均由馆员团队协同完成，既有效发挥了馆员的专长，又促进了馆员的全方位成长。有艺术专业、计算机专业背景的馆员为宣推工作需要，自学平面设计相关软件并熟练掌握 Photoshop、Adobe Illustrator，自学视频制作软件会声会影、AE，并对其他团队相关人员进行培训授课。团队成员人人会用 PPT 制作精美的宣传推广作品，因为宣传推广工作的需要，馆员加强了自身的科普读物阅读量，关注专业的科技类相关资讯网站，及时浏览相关资讯。

二、创意亮点

通过三年来多场次的科普阅读推广活动，我们逐渐摸索总结出了一种参照性指导方略（即科普阅读推广三角形模式），并在活动中践行达到事半功倍的效果。三角模型由三个维度构成：借势创意、多维推广、馆员协同（见图1）。通过这个模式，阅读推广团队能按照既定思路快速做出一个优良的推广方案，并且有效地组织实施。

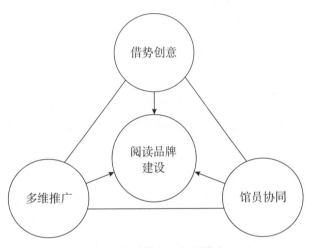

图1　阅读推广三角形模式

（一）借势创意

阅读推广的主题必须吸引眼球，紧跟科技热点、科技事件，挖掘提炼科技资讯，并借势而为，在科普阅读推广工作中不断加入创意从而吸引读者参与。例如：针对雾霾袭城 PM2.5 超标现象，我馆以"寂静的春天——一颗环保的种子"为题主办了绿色阅读环保主题图书展，唤醒人们的环保意识，倡导自觉践行环保生活方式。2015 年 4 月以国产科幻小说《三体》入围雨果奖为契机，举办了"浩瀚星空，遐想无限科幻图书专题展——雨果奖、星云奖、银河奖部分获奖作品推荐"活动，向读者推荐获奖科幻作品，让读者领略未知世界的魅力。图书馆契合"大众创业、万众创新"的时代背景，推出"下一个风口，互联网+"专题书展，激发大学生创业激情和创新潜能。2016 年初，引力波成为科学新宠，我们及时推出解读性科普视频《引力波》，反响良好。

（二）多维推广

借势创意，造景聚客是深大图书馆南馆科普阅读推广行之有效的方式。造景聚客实为通过多维度的阅读推广传播方式营造场景，通过场景激发读者阅读的意愿，促使他们阅读，从而达到阅读推广的目的。我们目前采用了视频推广传播方式和大型书展、专题书架的多维度方式来开展阅读推广活动。通过视频调动人们的听觉、视觉等感官，帮助受众更好地了解推荐图书，并加深印象。20余期的科普视频节目播放用视觉表达渲染了一个理工科图书馆的科学文化底蕴和氛围。布置书展营造场景实为营造适合读书的氛围，吸引读者关注，暗中形成对读者的抉择影响从而完成阅读推广。

（三）馆员协同

馆员是整个推广活动中不可或缺的核心支撑点。整个团队在所有的推广活动中没有借助外力或外援，而是依靠馆员自身的素养和才干，依靠馆员在工作中的不断学习滋养，依靠馆员的协同力。从头脑风暴到迅速掌握新的视频技术；从阅读大量的科技资讯到熟悉馆藏文献，团队每个成员严格要求自己，不断提升自己。阅读推广活动需要馆员的协同作战，在执行中相互协作，聚心凝力展现团队坚定的向心力。

我们本着科学求真的精神，致力于打造《科技新知》科普阅读品牌，三年多的科普阅读推广之路蹒跚而艰辛，坚定而温暖，我们期冀《科技新知》能够在深圳大学校园的沃土上生根发芽，待到春来时，花繁书香荔园新。

图 2 《科技新知》精彩视频集萃

图 3 深圳大学图书馆主题书展活动

"手拉手"少儿科普阅读推广活动

——以西安市长安区图书馆为例

王　锦　王　茹（西安市长安区图书馆）

谭　博（西安科技大学图书馆）

一、案例背景

西安市长安区图书馆在开展少儿科普阅读推广工作中，携手政府相关部门和社会力量，坚持以系列科普推广活动为载体，以提高青少年科学素养为目标，充分利用图书馆的人才和资源优势，积极开展针对性、实用性、趣味性强的科学文化知识普及活动，精心组织"手拉手"少儿科普阅读推广系列活动，开展送科普书、送科教影片、科普答题进校园、联合大学生暑期三下乡活动开展科普阅读推广、科普知识和实践相结合等形式多样的活动，丰富青少年学生的课余生活，不断增强科普阅读对学生的吸引力、感染力，最终起到潜移默化的作用，使孩子们爱科学、爱阅读。

西安市长安区图书馆针对未成年人长期开展文化展览、公益性讲座、科学知识宣传等科普工作，受到社会各界和政府部门的支持，更得到家长的认可和学生的喜爱。结合每年的"科技之春""关注乡村学生　分享阅读快乐"等品牌活动及六一儿童节等节假日，通过举办送科普书、送科教影片、科普答题进校园等活动，积极开展未成年人服务提升计划，让学生通过阅读优秀图书，观看防震减灾影片，参加科普答题等，活跃他们的课余活动，达到寓教于乐的目的。

二、活动开展过程

2013年，为认真落实中国图书馆学会《关于举办2013年"全国少年儿童阅读年活动"的通知》，长安区图书馆按照陕西公共图书馆服务联盟2013年阅读推广年度计划，继续开展面向少年儿童的阅读推广工作，积极开展未成年人服务提升计划等活动。长安区图书馆发挥自身的资源优势，邀请市图书馆有关领导，举办送书、送爱国影片、科普答题等进校园活动，同时还制作以"美丽中国、环保随行"为主题的科普展板，在"科技之春"宣传月期间，多次把这些展板在长安区的广场、学校等地展出宣传，呼吁人们保护环境、善待家园，提高青少年的科普意识和环保意识。

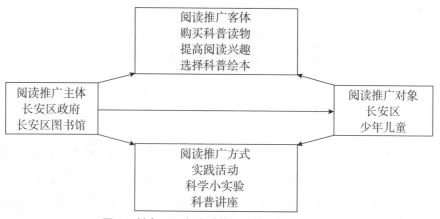

图 1　长安区图书馆科普阅读推广概念体系图

围棋是中国传统的竞技游戏，少年儿童学习围棋不仅可开发智力，还能培养孩子的毅力和创造力，更能避免沉迷网络游戏之中。为了弘扬中国传统文化，长安区图书馆邀请围棋业余 5 段、西安市长安围棋协会主席桑林灏，为小读者们上少儿围棋普及课，并让家长和孩子一起了解围棋知识，大手拉小手纹枰论道，受到家长和孩子的欢迎。

未成年人是国家和民族的希望，公共图书馆承担着社会教育的职能，长安区图书馆在儿童阅读区开辟了手拉手绘本故事屋，开展"希望长安——手拉手悦读会"亲子绘本分享活动。如"科学家的故事"、"猴子闹新春"、"6 岁领薪水（如何合理使用压岁钱）"、经典绘本《石头汤》等，绘本分享活动注重科普性、知识性和趣味性，小小的绘本故事，在工作人员的演绎下，成了吸引孩子注意、激发孩子爱科学的活剧本。

由于手拉手绘本故事屋的科普绘本活动很受欢迎，馆领导特地向区文化局提出申请，专门增购少儿科普图书，在此基础上，图书馆专门设立少儿科普读物推荐区，购进《魔法科学实验室》《聪聪科学绘本科学童话绘本馆·儿童自然百科系列》《探索宇宙系列丛书》等，以满足少年儿童不断增长的对科普读物的阅读需求。

为培养青少年的阅读兴趣和阅读能力、动手能力，图书馆精心策划，联合"我的"美术教育培训中心，把书本知识和实际操作相结合，在2016年的6月组织了一场精彩纷呈的"手拉手·艺术童年·精彩无限"主题系列活动。少儿艺术扎染活动前期做了大量的准备工作，购买T恤、染料、皮筋等，并通过西安市长安区图书馆微信公众号、电话、图书馆服务台报名相结合的方式邀请广大少年儿童参加，共有310组家庭，近700人报名。

活动当天，图书馆特地请当地派出所到现场维持秩序，确保人员安全，艺术扎染活动现场气氛更是异常热烈，参与家庭分六组，分别跟着六位资深的艺术老师学扎染。这扎染说起来简单，做起来还真不容易，要想在一件纯白的T-shirt上通过皮筋捆扎、蘸颜料、晾干这几个简单的步骤，呈现出自己想象的图案，还真是难倒了不少小朋友和家长，有的小朋友皱起了眉头，有些家长也有些手足无措了，好在几位老师都特别有耐心，最后在老师的帮助下，每个家庭都出色地完成了自己的作品，每个小组都有优秀的扎染作品诞生。当200多件色彩斑斓的彩色T-shirt晾在活动现场时，真是一道亮丽的风景！

扎染艺术体验，让少年儿童充分感受扎染这门艺术在生活中的用处，了解不一样的艺术美。在扎染的整个过程中，家长和孩子进行互动，不仅能够亲子同乐，还能提高孩子的动手动脑能力。

三、分析与总结

少年儿童的阅读方法和阅读习惯需要大人的指导，这个指导员既可以是老师，也可以是家长，更可以是我们图书馆人，同时我们倡导家长陪孩子一起阅读、一起成长，这就是我们"手拉手"（既"大手拉小手"）品牌的由来。这个"手拉手"既是图书馆与孩子的手拉手，也是家长与孩子的手拉手，我们希望通过这样一个理念的推广，让更多的孩子学会阅读，爱上阅读，通过多种形式关注少年儿童的健康成长，撒播爱的种子，让阅读之花遍地开放。

今后，我们希望通过和高校图书馆的结对帮扶，加强馆际交流和业务培训，吸纳更多社会力量参与到这样的活动中来，以便更好地为未成年人服务，推动科学知识的普及。

图2　2013年5月17日，长安区图书馆在五星街道和迪小学进行"科技之春"宣传

图3　2016年1月29日，手拉手亲子绘本阅读《科学家的故事——摩尔》

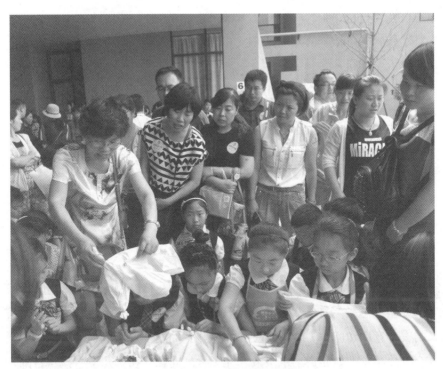

图 4　2016 年 6 月 9 日，少儿扎染活动老师讲授扎染技艺

图 5　2016 年 6 月 9 日，少儿扎染活动成果展示

亲子安全科普阅读推广的案例分析

王海燕 何 泽（温州市图书馆）

一、背景

（一）儿童安全科普教育的重要性

儿童是祖国的未来和希望，是影响家庭以及社会稳定发展的重要因素，儿童的安全问题备受社会关注。目前我国儿童安全方法体系的建构还不完善，家长的安全意识和监护力度不到位，加上儿童的安全意识薄弱等原因，导致儿童安全事故屡发。如儿童溺水事故、儿童食品问题、拐卖儿童、孩童打翻开水被严重烫伤、睡醒孩童翻爬阳台坠亡、佛山小悦悦等事件，儿童脱离大人监管导致悲剧的发生。因此，对儿童及其家庭进行安全科普教育是刻不容缓的事。

（二）图书馆的文献资源优势

图书馆安全科普文献品种多、文献内容生动丰富，具有开展亲子安全科普阅读推广工作的资源优势。通过亲子共读安全科普类文献，可以提高儿童安全防范能力，提高家庭监护意识。

据了解，目前还没有一个专门机构对儿童安全科普进行系统性的教育，而图书馆承担着社会教育的职能，可以全面收集安全科普相关绘本，通过一系列的阅读推广活动，提高孩子自我防范意识和自我保护的能力。

（三）亲子阅读的重要性

作家奥维尔·普瑞斯特科认为："很少有孩子会主动喜欢上阅读，通常都必须有某个人引领他们进入书中奇妙的世界。"亲子阅读以书为媒，以阅读为纽带，通过亲子共读，帮助孩子爱上阅读，使亲子关系更加融洽。孩子是好奇的，喜欢探索，在探索过程中难免会遇到不安全的因素。亲子安全科普阅读活动让孩子们用耳朵来听大人读故事，用眼睛看精美的系列安全图片，通过语言和画面的双重刺激，以不说教的方式告诉孩子：安全第一，预防为主。引导孩子对危险有具体的概念，避免事故的发生。

二、活动流程和措施

图书馆拥有丰富的文献资料，承担着社会教育的责任。本项活动通过亲子阅读的形式提高孩子自我保护意识，形成自我保护的能力，具体措施如下：

（一）招募相关特长志愿者，成立亲子安全科普阅读推广负责人队伍，成员各司其职，共同策划活动

志愿者主要来自温州亲子阅读推广人队伍以及社会中安全科普教育的专业人员。温州亲子阅读推广人队伍志愿者来自各行各业，他们中有专业教师、有爱好阅读的专家、有知名的医生等，这支队伍对各种阅读活动开展有着一定的经验和专业性。同时，邀请社会上的一部分专家：如消防队讲解员、交警、医生等，他们在安全科普方面有着专业的技能，对开展亲子安全科普阅读推广活动有着重要的作用。队伍成立后，把安全科普内容进行系统性的分类，明确具体的负责人，由负责人开展具体相关活动。

（二）建立亲子安全科普主题阅读微信群，线上线下同步互动

小"微信群"发挥大作用，建立微信群，制定群规，邀请读者加入安全科普教育微信群。在群中开展亲子阅读分享活动；举办群内讲座、线下活动；讨论安全科普教育的一些问题；邀请专家进群和大家互动交流；播放动画形式的安全教育影片，向孩子们普及科学的安全知识，让家长认识对孩子安全教育的重要。

（三）开展安全科普的书目推荐活动

据大量的研究数据表明：3—8岁是儿童阅读能力和良好行为形成的关键时期。把握住孩子的关键期，通过阅读大量的安全科普绘本，培养孩子阅读习惯和良好的行为。图画书中生动有趣的故事，易于被孩子接受，孩子听故事的过程中能形象地了解科学安全知识，同时，在亲子阅读的过程中，父母亲教会孩子应急安全知识。安全科普的书籍内容丰富、品种繁多，如：《不要随便和陌生人走》讲述通过一个带有点喜剧味又有点幽默味的小故事，告诉孩子们在面对危险的时候，可以选择的方法；经典绘本《消防站的一天》让孩子们了解消防员的生活，知道一些简单的消防措施；《走路坐车都平安》将交通规则教给孩子，让孩子形成遵守交通规则的意识；《妈妈，请不要为我担心》让孩子学

会避免公共场所可能发生的危险；《我不是笨小孩》让孩子在遇到针对儿童的犯罪行为时懂得保护自己；《你不能受伤》告诉孩子家里有哪些日用品可能带来危险；等等。图书馆可以面向家长系统地、分门别类地推荐安全科普图书，方便家长选择。比如，搜罗国内外关于安全科普的书籍，选择价值性高、孩子感兴趣的书籍做成一个专架，进行分类推荐，包括交通安全类、食品安全类、消防安全类、家电安全类、玩水完全类等，并根据不同年龄的阅读特点分阶段地向家长推荐。

（四）"请进来，走出去"，引进社会力量开展图书馆亲子安全科普阅读活动，带领亲子阅读团队"走出去"进行阅读实践活动

1.举办大型安全科普主题公益讲座，根据内容不同，邀请不同专家进行亲子授课

温州亲子阅读推广第10期——邀请交警叔叔来温图讲故事，交警结合视频和图片，用幽默生动的语言，风趣的故事给家长与孩子讲解"别拿生命开玩笑"，开展模拟交通游戏。教会孩子认识交通标志，讲解在道路上行走、乘车时需要注意的安全事项，培养孩子交通安全意识，学会珍爱生命。

邀请踩踏事件的研究专家来温州图书馆开展"踩踏事件发生时如何自我保护"的讲座。该讲座让孩子们明白在踩踏发生时应该注意的事项：要抓住牢固的物品，防止摔倒；大家要高喊"向后退"；混乱局面、要学会自我保护；及时找到墙壁，抱头往下弯蹲；假如逃脱不了现场时，可以躺地上弯曲；拨打110；等等。教导孩子学会防御、自我保护和如何自救。

图1　温州亲子阅读推广第10期——邀请交警叔叔来温图讲"别拿生命开玩笑"

图 2　踩踏事件的研究专家来温州图书馆做讲座 "踩踏事件发生时如何自我保护"

　　邀请医科大学的专家开展急救知识宣讲活动，讲述溺水、扭伤、外伤、烫伤、冻伤等急救知识，让孩子们知道在发生意外时如何自救，让家长了解：如果在急救黄金时间内采取正确的急救措施，能有效地挽救儿童生命。

　　2. 开展亲子安全科普实践活动，带领读者体验相关情境

　　所谓的 "体验教育" 就是让教育对象在实践中认知、明理和发展。在进行亲子安全科普绘本的阅读后，尽量创造条件让孩子们有机会体验绘本中的情节，促使孩子们产生新的经验、新认识，发展孩子的适应能力。在亲子阅读消防类绘本之后，带领读者走进温州下吕浦消防中队，体验消防员的工作情况以及消防演习，消防员战士介绍救火的图片，现场进行演习疏散，让读者了解消防知识和各种消防设施，树立消防安全意识，提高安全防范能力，懂得在日常生活中安全用电，远离火灾。

　　（五）开展系列的亲子安全科普阅读活动。开展内容丰富、形式多样的安全科普系列活动，系统性、生动有趣地对孩子进行安全教育

　　交通安全科普组负责人带领读者从亲子阅读安全科普文献资料入手，在文献资料中学知识，阅读后开展安全科普的知识竞猜活动。活动的消防安全科普组负责人组织的温州亲子阅读推广第 12 期活动——小小消防员讲消防故事，孩子和家长共同设计课题，进行亲子共读，其中绘本内容有：《忙碌的轮子系列——消防车》《中国第一套儿童情景百科：消防员》《我的第一本

安全故事》《消防员去救火》……活动不但介绍各国的消防装备以及消防安全科普知识，而且开展消防演习活动。乘坐电梯安全科普组负责人组织的温州亲子阅读推广（第 13 期）——走进城西"城市书房"开展安全教育电梯安全科普的活动，负责人结合动画片，绘声绘色地讲解孩子乘坐电梯时应注意的事项。外出安全科普组负责人通过组织亲子绘本阅读《藏起来的礼物》，向孩子们介绍鞋带的系法以及自己着装的安全。食品安全科普组负责人介绍日常饮食的安全，如：白开水是儿童的最佳饮品，长期过量吃冷饮有损健康，易拉罐饮料对儿童有危害，膨化食品尽量少吃或不吃，营养补品千万不能随意吃，注意食品保质期情况。温州亲子阅读推广第 28 期——走进梦多多城市书房，自我保护组负责人以"学会自我保护、快乐成长"为主题，带领读者共读绘本：《不要随便跟陌生人走》《不要随便亲我》《不要随便摸我》。通过负责人生动地讲述和启发性地引导，让孩子们懂得：不管陌生人怎么诱惑你，也不能跟他走。一些应对危机的方法给孩子们很大的启发和帮助。

图 3　亲子阅读绘本《藏起来的礼物》，老师向孩子们介绍鞋带的系法以及着装的安全

（六）制作安全科普阅读表格及科普阅读倡议书，免费发放

21 天形成习惯，制定 21 天安全科普阅读表格，让孩子们每天记录自己的安全行为，帮助家长督促孩子是否做到安全规范。为年幼孩子制定选择性的题目，让孩子知道正确的安全行为做法。为了向更多的人普及安全科普知识，活

动组成员还在公园中免费发放科普知识，提高社会影响力。

三、分析和总结

关注儿童安全，社会须给力，全社会须形成合力，从根源上杜绝儿童安全事故的发生。作为社会教育机构的图书馆，在安全科普文献大量涌现的情况下，开展亲子安全科普阅读和相关活动，有助于提高孩子的自我保护能力，促进家长对孩子科学监护和安全教育。

（一）系统性地进行亲子安全科普的阅读推广活动

对儿童安全科普内容分门别类，系统性地开展亲子安全阅读活动，如交通安全类、食品安全类、消防安全类、家电安全类、玩水安全类等。让孩子学习安全科普知识，树立安全防范意识，提高自我保护能力。

（二）社会力量参与图书馆服务，引进专业人才开展系列活动

社会力量强大，人才专业化，加上温州民间公益阅读推广组织、个人读书会发展迅速，图书馆搭建一个公益的、相互学习的平台，把优秀的资源引进到图书馆里，使安全科普活动更加专业，从而使孩子们受益。

（三）体验式的安全科普阅读活动，使读者感受深，受益大

开展形式多样、生动活泼的体验式儿童安全科普阅读活动，以别开生面的方式让小读者掌握安全知识，亲身体验安全逃生、安全急救和安全自救等情境，在亲身体验的过程中去体会、认识到安全的重要性，从而自觉树立良好的安全意识，提高自我保护意识和能力。

（四）通过亲子安全科普共读活动，家长主动参与孩子的活动，促进亲子关系

活动同时面向孩子与家长普及安全知识、提升安全素养，提高了家长的安全防范意识和监护能力，对促进家庭稳定、社会和谐发展具有积极意义。

快乐度暑假　书海任你游

——秦皇岛图书馆暑期科普阅读系列活动

王　丹　李　辰　裴　芳（秦皇岛图书馆）

每到暑假，孩子们的生活娱乐就成为许多上班族家长最头疼的问题。秦皇岛图书馆精心组织了少儿科普阅读系列活动，让孩子们在图书馆里度过一个五彩缤纷的美好假期。

一、活动流程

1. 科普氛围宣传：2016 年 5 月，我们从馆藏中精心挑选了 60 种涉及天文地理、生物能源、科技发展等方面的科普图书，编辑成书目，推荐给小朋友们，也为家长提供参考。

推荐书目通过纸质书目、编辑成手机报和微信公众平台三种方式进行推送。

2. 本次系列活动共分四期，旨在激发青少年对于科普的学习兴趣，推广青少年科普阅读。活动面向 6—12 岁少年儿童，小读者们通过秦皇岛图书馆微信公众平台报名参加。我们还专门建立了秦图少儿科普阅读群，每次活动前都会在群里发送主题相关的推荐书目，小读者们也可以在群里交流分享阅读心得。

（1）第一期主题：低碳生活，从我做起！

活动时间：2016 年 7 月 23 日（周六）

活动内容：主持人通过播放视频和图片介绍当今社会水源污染、雾霾环绕、垃圾成灾、臭氧层被破坏、温室效应加剧、珍稀动物濒临灭绝等环境问题，人类已面临着严重的挑战，低碳日益成为全球共同关注的焦点。"濒危动物连连看"让小朋友们了解濒危物种的相关信息，认识到应该从自己做起，保护濒危物种延续下去。"碳足迹计算"让大家知道了平时的衣食住用行会增加多少碳排放，乘坐哪种交通工具出行最环保。还有"垃圾分类王""健康碳循环"等与低碳知识相结

图1　分组完成"濒危动物连连看"

合的小游戏，循序渐进地向小朋友们阐述了温室效应对我们的影响，以及坚持低碳生活的意义和方式。

活动最后，三位小朋友在比赛环节中胜出，和阅读分享小达人一起获得低碳礼物——绿色小盆栽。大家纷纷表示，在这次活动中收获很大，希望图书馆经常举办这样的活动，为孩子们的暑假生活增加书香。

（2）第二期主题：生物知多少？你来问！我来答！

活动时间：2016年8月6日（周六）

活动内容：小读者通过到图书馆阅读推荐书目中的图书，学习生物学知识，从中总结提炼问题，现场以"你提问我回答"的方式分别讲解查阅到的生物知识，答对问题的小朋友都会获得一张动植物的小贴画，有效地调动了少儿的学习兴趣，加强了他们学习的自觉性。活动

图2　"生物知识知多少"活动中，小读者纷纷举手抢答

持续了一个半小时，共20位小朋友前来参加。

最后，"生物小能手"诞生了，有三位小朋友答题最多。家长们纷纷表示"图书馆的活动在无形中扩大了孩子的阅读范围，也丰富了孩子们的知识面，棒棒的！""参与过程本身就是收获"。

（3）第三期主题：小小演说家——多彩地球

活动时间：2016年8月20日（周六）

活动内容：本期活动组织小读者以地理知识为主题做精彩演讲，讲述"世界上最大的雨林在南美洲亚马孙河流域，那里的植物种类居全球之冠，是世界上公认的生命王国"，"青藏高原是世界上最年轻的高原，经历几个不同的抬升阶段，在距今一万年前，以平均每年7厘米的速度上升，使之成为当今地球上的世界屋脊"，或者介绍自己去过的地方属于哪种地形，或是描绘令人向往的地方属于哪种地貌。

图3 "小小演说家"声情并茂

活动最后，由小朋友们投票产生三位"小小演说家"。家长们纷纷表示"感谢图书馆提供给孩子们的展示舞台"。

（4）第四期主题：寻梦"天宫"——太空画创作大赛

活动时间：2016年7月20日—7月31日征集作品，8月1日—8月20日展示

活动内容：每个人的心中都有一个太空梦，人类对于太空的探索不曾停止，美丽神秘的太空是许多人心驰神往的圣地。此次活动以"太空"为主题，有效地促进了孩子们自主阅读天文学相关书籍，有意识地去积累宇宙太空方面的知识，去了解和探究宇宙神奇的奥秘。通过创作大赛，培养孩子对天文学的兴趣，给孩子自由创作、自由表达、自由探索事物的机会。小朋友们通过阅读图书，了解太空知识，都拿起画笔描绘出了心中的太空。

图 4　太空画创作大赛作品展

二、案例分析与总结

为了彰显活动的价值、成效和影响，不断调整阅读推广活动具体实施的形式，保障阅读推广活动的效果，最终实现全民阅读的可持续长效发展，我们对活动进行了积极的总结和分析。

活动结束后，我们进行了 2016 年寒假、暑假及 2015 年暑假期间的读者借阅册次统计（见表 1）。

表 1　读者借阅图书分类统计

单位：册次

日期 类目	2016.1	2016.2	2015.7	2015.8	2016.7	2016.8
N 类（低碳生活）	186	743	884	743	1047	799
P 类（多彩地球）	27	69	90	41	61	142
Q 类（生物知多少）	381	410	455	419	407	417
V 类（太空画创作）	5	9	7	5	33	46
X 类（低碳生活）	13	100	111	77	102	127

根据表中数据，可得出以下结论。

第一，同在假期的情况下，N类、P类、V类和X类图书在活动期间借阅量有较明显的增长。本次活动以馆藏为基础，以推广青少年科普阅读为目标，使儿童阅读量更大，阅读范围更广泛。比如"小小演说家——多彩地球"活动，除了可以锻炼青少年的胆量与自信，更重要的是在演讲的准备过程中，需要搜集阅读大量的相关书籍并进行整理和提炼，最后形成文字。这个过程不但可以使小读者养成将科普知识进行摘抄记录的好习惯，而且有效地帮助儿童成为主动、自信和有阅读激情的读者。

第二，Q类图书借阅量保持不变。结合活动期间的推荐书目及活动内容，以及活动现场与家长和小读者的交流，得出原因主要是孩子对生物主题的图书一直比较关注，平时已经积累了大量的相关知识，不需要特意再为参加活动进行更多的准备。带给我们的启示就是，一定要了解和分析活动对象的阅读现状，找到他们的关注点和需求点，据此来设定阅读活动。

我们对参加暑期科普活动的小读者随机进行了借阅册次历史统计，得到数据如下表（以温嘉怡和陈梓轩为例）。

表2　温嘉怡借阅册次统计

	1月	2月	3月	4月	5月	6月	7月	8月
科普类	0	0	0	4	8	4	11	12
社科类	7	6	12	12	8	11	15	14
科普类图书所占比例	0	0	0	25	50	26	42	46

表3　刘梓轩借阅册次统计

	1月	2月	3月	4月	5月	6月	7月	8月
科普类	0	0	0	4	7	4	12	12
社科类	8	6	12	12	9	12	16	14
科普类图书所占比例	0	0	0	25	43	25	42	46

　　由表中数据分析可知，两位小读者的科普类图书阅读量随着推荐书目的推送和科普活动的开展有了大幅度的提高，我馆的暑期科普阅读活动切实起到了推广科普阅读的作用。

　　我们对参与者及家长通过调查问卷的方式进行了读者满意度和受益度的反馈评估。家长们纷纷反馈，参加活动的儿童在阅读量、阅读时间、阅读范围等方面均有所加强。

　　"孩子小，都爱看带有漫画之类的，我们通过这次活动，阅读书籍量明显增多了。图书馆的功劳太大了！"

　　"孩子参加暑假读书活动，在得到锻炼的同时还扩大了阅读范围，更喜欢看书了。再次谢谢组织活动的老师们！非常感谢！孩子们和老师们真的都很棒。"

图书馆与科协合作共同推广科普阅读

——沧州市图书馆科普阅读推广案例

付楠楠　孟姝君（沧州市图书馆）

开展社会服务、实现资源共享，不仅可以提高图书馆的社会影响力，还可以更好地利用社会资源。近年来，沧州市图书馆努力探索与沧州市科协的合作模式，力求拓宽服务领域，提高图书馆科普宣传教育能力，为此，举办了一系列科普宣传活动，形式丰富，手段多样，效果显著。

一、开展背景

2013 年 9 月，沧州市图书馆新馆正式开馆接待读者，几年来一直在积极探索如何进一步加强科普能力建设、提升市民科学素质，探索与市科协合作之路，充分发挥和利用两大公共文化传播平台优势，不断完善馆内科普基础设施建设，积极打造科普宣传基地，设立科普专架，组织开展形式多样的科普宣传推广活动，取得良好的社会效果。

二、活动内容

（一）建立科普专家工作站

2014 年 5 月 25 日，市图书馆和市科协在市图书馆联合举办科普专家工作站揭牌仪式暨首场科普报告会。中国科学院老科学家科普演讲团专家、研究员陆龙骅，市科协主席卢竞芳，市文广新局局长冯彦宁等领导以及沧州师范学院、河北工程技术高等专科学校、沧州职业技术学院的师生和普通读者共计 300 余人参加了活动。冯彦宁和卢竞芳共同为科普专家工作站揭牌。陆龙骅研究员做了题为"雾霾与大气污染"的科普报告。

科普专家工作站成立后以专题科普报告会、订单式科普培训、交流互动等形式邀请国内知名科普专家为市民讲解、宣传科普知识，内容涉及信息科学技术、生命科学和生物技术、生物多样性、生态与环境保护、地球科学、天文、航空、激光、

图 1　陆龙骅研究员做科普讲座

微电子、遥感、新材料、新能源、现代磁学及应用技术、防灾减灾、公共安全等多个方面。2014 年 10 月，特邀中国科学院老科学家徐文耀主讲"科学中的美"；2015 年 7 月邀请中国科学院老科学家吴瑞华主讲"'7'，无意义图形和学习效率——趣谈心理学对改善学习方法的促进作用""漫谈消除'高考'前心理紧张问题的若干措施"；2015 年 9 月，特邀北京大学教授焦维新主讲"火星大揭秘""寻找地外生命"。

科普专家工作站的成立不仅为沧州百姓提供高质便捷的公益科普服务，而且营造出学科学、用科学的良好风尚，从而为倡导文明的生活方式发挥了积极作用。

（二）长期设立科技图书专架

为营造学习和普及科学知识的良好氛围，沧州市科协向沧州市图书馆捐赠科普图书共计 2549 册，内容涵盖生物科学、数理化、天文地球、工业技术等多个种类，根据年龄段不同，分为少儿、成人两部分。市图书馆在一楼少年儿童服务区及三楼自然

图 2　科技图书专架

科学文献借阅区长期设立科技图书专架，并推出专题推介服务，引导更多的读者阅读科技书籍。

（三）设立"科技互动体验区"

2014年10月，沧州市图书馆与市科协联合创建了科技互动体验区，并向读者开放。体验区设在市图书馆一层，全部设备由市科协提供，分为壁挂式和台式科技展览，贴近人们的学习和生活，有很强的针对性和知识性，可使读者通过体验和观看了解科学原理，萌发创新点，提高创新能力。读者只需凭身份证登记，就可以开始"科技之旅"，通过实际动手操作体验到光学、力学、电学、数学、生命科学等多门学科的科学原理，寓教于乐，感受科学的魅力。同时，利用各种形式扩大宣传，在馆内大屏幕内循环播放科普知识，并通过市图书馆微信平台向读者发布相关信息，扩大了科技互动体验区的影响。截至目前，体验区体验者累计已达万余人次。

图3 沧州市图书馆科技互动体验区

（四）沧图讲座"科学普及"系列受到读者欢迎

近年来，沧州市图书馆依托"沧图讲座"这一载体举办科普专题讲座20余场，受到读者的欢迎。"雾霾与大气污染""科学中的美""火星大揭秘""地球和宇宙""现代生物技术及其应用""航空航天知识""科学与人文再交融"等高水平的讲座，热点话题与基础普及并重，活动方式上真人讲座与视频讲座结合，既满足了广大读者的学习需求，又解答了人民群众普遍关注的问题，同时扩大了科普基地的社会影响力。

（五）举办"科学之美"主题阅读推广周

2014年全民读书月期间，市图书馆与科协联合策划了"科学之美"主题阅读推广周，主要活动包括科普文献荐读、网络竞答、专题讲座、主题电影放映等。

"科学之美"主题阅读推广周期间，科技互动体验区正式对读者开放。

图 4　沧州市图书馆科技互动体验区开放仪式

在主题阅读推广周期间，市图书馆还邀请了中国科学院老科学家科普演讲团副团长徐文耀，为读者做"科学中的美"专题讲座，300 余名市民现场参加。

图 5　徐文耀讲"科学中的美"

三、分析与总结

沧州市图书馆积极与市科协合作，充分发挥和利用两大公共文化传播平台的优势和特点，在不断完善馆内科普基础设施建设的基础上，着力打造科普宣传基地，设立了科普图书专架，开展了形式多样的科普宣传推广活动，真正实现了优势互补，有效地提升了市民的科学文化素质，逐步探索出一条因地制宜、与科协合作开展科普教育的新路子，取得了显著的社会效果。

沧州市图书馆与科协合作开展了形式多样的科普活动，还根据读者需要进行策划与组织，将科协良好的公共文化产品与图书馆优质的服务平台相结合，服务内容贴近市民生活，反映市民心声，各项活动的开展，增强了广大市民的科技创新意识和实践能力，受到广大读者的广泛赞誉，图书馆这一科普基地的作用得到了充分发挥。

科普阅读从娃娃抓起

——天津市和平区少年儿童图书馆"小雨点滋润流动花朵项目"

齐　军　孙　瑜　王雪飞（天津市和平区少年儿童图书馆）

近年来，我国工业化、城镇化进程加快，有更多的农村富余劳动力转移到城市就业，我们将这些进城务工人员的子女统称为"流动花朵"。随着经济的发展和城市化的推进，越来越多的"流动花朵"为了能陪伴在父母身边，感受父母更多的关爱，同时也为了能接受更好的教育，选择离开家乡，跟随父母来到大城市生活。在天津这座大城市，许多"流动花朵"虽然能享受到和本地孩子一样的九年义务教育，但是在竞争日益激烈和提倡孩子们全面发展的今天，他们没有条件和机会去享受城市孩子们所接受的"额外"教育，即兴趣爱好培训班。无疑，这样使许多"流动花朵"从一开始就输在了起跑线上。如何去关爱这些"流动花朵"，让他们也能像其他"城市花朵"一样，在这片美丽的土地上，在同一片蓝天下，在美好的阳光下吐露芬芳，快乐地阅读与成长，是我们急需思考和解决的问题。

阅读要从娃娃抓起，孩子的阅读开始得越早，其思维能力、感悟能力、语言能力、表达能力等能力就发展得越好。

天津市和平区少年儿童图书馆自开馆以来，秉承"一切为了读者"的办馆宗旨，锐意创新，不断拓展新的阅读方式，对少年儿童这一群体，尤其是对外来务工子女给予了特殊的关注。我馆以公益讲堂的形式倡导全民阅读，从娃娃抓起、从身边做起、从现在做起，开启家庭、学校、社会三位一体教育模式。为加强"流动花朵"的文化修养，丰富其课余活动，提升其整体素质，培养其动手动脑能力，我馆特别推出"小雨点滋润流动花朵"项目。该项目免费为"流动花朵"提供借阅服务，定期开展阅读辅导工作，鼓励他们多读书、读好书，对他们进行科学知识普及和传统文化教育，将科学普及与传统文化以及全民阅读有机结合，从而推动全民阅读工作的开展。

一、"小雨点"讲堂暨"小雨点滋润流动花朵"项目的主要内容

图1　4·23世界读书日——趣味童阅会

和平区少年儿童图书馆从公益角度出发，创办"小雨点"讲堂，邀请社会各个领域的知名专家到"小雨点"讲堂为广大的"流动花朵"们传授文化知识，举办一系列普及科普知识、了解国学及传统民俗文化、培养动手实践能力、欢度节日的少儿公益活动，包括天文科普知识讲座、"花儿灿烂、美丽绽放"六一儿童节书香润花朵系列阅读活动、"剪报小行家"趣味剪报活动、"沐浴书香，诗化心灵"趣味童阅会、"天津民俗饮食文化谈"公益讲座、"金猴闹春"折纸活动、"共品茶香人生"茶艺讲座、新春送福楹联大讲堂、"初识古文字"公益讲座、"学长征精神，做红色传人"——寻找红色记忆故事讲座、"指尖上的艺术"趣味剪纸活动。每期活动都吸引了许多"流动花朵"，有的读者甚至成为"小雨点"的超级"粉丝"，而这些"粉丝"的数量还在与日俱增。"小雨点"讲堂不仅让这些"流动花朵"学到了科普知识及传统文化知识，更培养和锻炼了他们的动手动脑能力，因此得到了家长的大力支持和好评。社会各界

也高度关注"小雨点滋润流动花朵"这一项目,"小雨点"讲堂吸引了大批媒体争相报道,并刊登在报纸、微信、网站等媒体平台上,可以说"小雨点"讲堂在社会上的影响愈加广泛。

图 2 《新龟兔赛跑》话剧展演

除此之外,"小雨点滋润流动花朵"项目还延伸出了"小雨点"剧团、"小雨点"影院以及"小雨点"爱心捐助站等一系列活动项目,同样得到了社会各界的高度关注和认可。

二、取得的成效

通过"小雨点"讲堂参加活动的"流动花朵"经过"小雨点"的滋润培养,有的被评为区级三好学生,有的参加我市举办的中小学生读书活动并取得了优异的成绩,有的参加全国性大赛荣获最佳童星奖,有的成为我馆的"阅读之星",还有的通过这些互动活动和表演变得越来越乐观自信。这些孩子们取得的优异成绩充分证明了"小雨点滋润流动花朵"这一项目的成功,也充分证明了少儿图书馆在传播推广文化知识、进行科学普及、引领未成年人特别是其中的特殊群体阅读方面所起到的积极作用。

三、启示与思考

经过多期实践得出，只有进行"科技创新"与"文化创新"，举办更多这样体现时代性、具有针对性、富有创造性的少儿公益活动，从小培养孩子们的阅读习惯，将传统文化、科学普及与全民阅读有机地结合起来，才能够满足众多未成年人积累课外知识的需求。少儿图书馆作为未成年人的文化志愿者与传播者，能调动少儿群体特别是"流动花朵"学习科学文化知识以及传统文化知识的积极性，在一定层面上有利于推动全民阅读特别是科普阅读工作的开展，有利于少儿图书馆的服务工作不断向下向外延伸，也有利于全社会文化品位和素养的提升。我馆通过开展"小雨点"讲堂一系列活动，为"流动花朵"送去欢乐，送去温暖，扩大了"流动花朵"的知识面，用爱心传递知识，激励其奋发图强，努力学习。

"小雨点滋润流动花朵"项目是和平区少年儿童图书馆的一次有益尝试，为"流动花朵"提供与名家近距离接触的机会，丰富了孩子们的课外生活，让更多的"流动花朵"在第二故乡津城、在和平区少年儿童图书馆内感受到家乡的温暖，促进他们的健康成长。

"创新科技 开启梦想"科普知识宣传活动案例

张 楠 马 静（北京市西城区青少年儿童图书馆）

北京市西城区青少年儿童图书馆多年来，突出重点、突出本馆特色，组织开展丰富多彩的"创新科技 开启梦想"科普知识宣传系列活动，促进了素质教育的深入实施，充分发挥图书馆的科普教育作用，赢得了读者和社会的好评，受到各级各部门的表彰，被评为西城区科普教育基地。

"创新科技 开启梦想"科普知识宣传活动是贯穿全年的科普系列活动。我馆积极利用馆藏文献资源、阅读环境、网络环境、学校教育资源、人力资源、场所资源等优势，建设科普图书馆藏体系，开展科普教育，使众多少年儿童接触科学、热爱科学。"创新科技 开启梦想"科普宣传系列活动共包括以下几个方面。

一、立足本馆馆藏资源，广泛推介科普资源

内容全面且类型多样的馆藏资源是开展科普宣传推广的物质保障，优化馆藏资源体系是顺利开展科普推广的重要途径。西城区青少年儿童图书馆开馆近20年入藏青少年书刊36万余册，发挥自身优势，由馆员依据科普教育主题对相关文献进行整序，成立了独立的科普阅览室，并有针对性地向读者推介科普资源。同时，我馆在少儿图书采访政策方面明确了科普类图书的经费、比例和复本量，保证科普读物的连续性、系统化。除科普类纸质书，西城区青少年儿童图书馆还收藏了大量的科普类视听光盘、电子图书、文教具、模型以及网络信息资源库等，另外，在图书馆网站上设立了"生活百科""科普读物"2个栏目，形成实体文献与数字资源相结合的青少年科普特色资源。

二、利用新科技、新媒体在馆内开展科普读物阅读指导工作

（一）馆内有效利用各类图书开展科普教育活动

图书馆成立了专门的科普阅览室用以收藏科普类文献，为馆内开展阵地活动奠定坚实的基础。为了提供更好的服务，我馆优化了各厅室的布局，并加强相关人员培训，注重少年儿童视觉、听觉乃至触觉的体验，让儿童进入一个有趣的科普世界。

我馆在低幼阅览室专门划分了小舞台空间，并利用投影设备和音响设备，为孩子创造一个新奇生动、变幻无穷的视听空间。在此环境下，由专业馆员指导小朋友进行科普童话表演。小读者戴着各类头饰认真地表演科普童话剧。这些科普童话剧，都是馆员以科普绘本为蓝本编写出来的。无论是台上的表演者，还是台下的小观众，都被表演所展现的科学现象及原理所吸引，馆员也适时地推荐针对每次表演的系列科普图书。

在综合阅览室，各类科普模型的制作吸引了3—6年级的小读者。馆员组织9—12岁小读者制作了各类纸质建筑模型，无论是古代的宫殿，北方的四合院，还是当代的高楼大厦，均让孩子们对建筑学产生了浓厚的兴趣，因而在制作过程中馆员不失时机地传授给他们很多建筑学原理。通过这一活动，馆员向小读者推荐了《结构之美：中国历代建筑》、《房子的秘密：房子是怎样建成的》以及《你不可不知的50个建筑学知识》等建筑学图书。同样，通过各种舰船飞机模型的制作，小读者对航空知识以及舰船知识产生了浓厚的兴趣。面对自己亲手制作的小模型，小读者们通过看（各种舰船飞机模型的样子）、听（馆员为小读者讲述舰船及航空知

图1　小朋友们在表演书中的故事情节

识）、触摸（孩子们亲手把玩自己制作的成品）这些感官体验，被勾起更多的探索欲望。这时，馆员又推出了一系列相关图书，如《船舶的历史》《舰船视觉百科全书》《青少年应该知道的飞机》以及《人类的超级翅膀：飞机的故事》等。馆员还利用阅览室空间，组织小读者种植多肉植物，带领孩子们观察多肉植物的生长特性，指导孩子们写观察笔记。在此过程中，推荐了《多肉萌物志》《奇趣多肉植物》《和妈妈一起种植物》以及《献给喜欢花花草草的孩子》等图书。

我馆有效利用电子阅览室计算机、数据库、互联网、电子大屏幕、投影仪和互动体感机等，开展声、光、电等多感官立体式的科普宣传。由于生动的形式和良好的互动性能够更好地吸引孩子的注意力，引发孩子的兴趣，我馆开展科技宣传"小小创客营"活动并专门为"小小创客营"活动配置了三台可编程开源机器人及相关配套元件供青少年学习实践。该活动由电子阅览室馆员作为指导老师，作为一项长线活动面向社会招收适龄会员。"小小创客营"活动每月一期，从初期的机器人组装，到后期的软件编程课程，由浅至深地引导青少年进入创客的世界。与此同时还创建了"小小创客营"微信群和 QQ 群，方便小会员们线上交流讨论。此项活动效果有三：第一，图书馆配置的三台机器人是自组装可拼拆机器人，小会员可以自由拆卸机器人，直观地了解机器人的运作原理和机械结构，将书本上的理论知识和实际观察到的现象相结合，灵活运用机械原理设计规划出不同形态、不同功用的机器人；第二，计算机运算和编程在科技开发中起着越来越重要的作用，开源机器人的编程软件 mBlock 基于 Scratch2.0，是由美国麻省理工学院专为青少年开发的图形化编程软件，其积木式的软件玩法易于上手，图形化的编程界面和一步步挑战的学习方式让孩子有种玩游戏的趣味感，引导孩子从网游少年变为编程高手；第三，通过"小小创客营"宣传机器人相关科普图书、报纸和期刊，了解人工智能的最新动态，如中科院的美女机器人"佳佳"，软银集团的情感机器人"pepper"，谷歌军工的黑科技"big dog"。活动帮助孩子们增强动手能力，学习电子元器件构成和无线蓝牙应用技术，掌握虚拟与现实技术的下载与应用，鼓励孩子打开思维、乐于创新，走进充满想象的科技世界，享受快乐的童年。

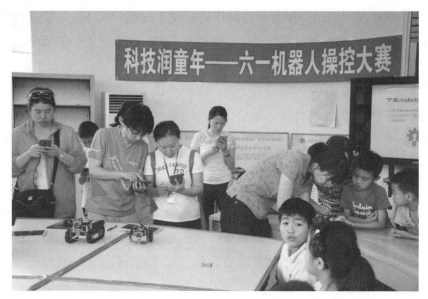

图 2　老师指导同学下载机器人操控软件

（二）利用少儿馆科普阅览室的图书开展"虚拟现实多媒体数字阅读体验"
活动

当小读者抱着《吉尼斯世界纪录》这本大书饶有兴趣地读到"最大的食肉

图 3　虚拟现实多媒体数字阅读体验

恐龙"这篇文章时，神奇的一幕出现了：一头巨大的棘龙跳到桌面上，张牙舞爪，不停地吼叫。当另一位小读者读到"当今世界上最矮小的女性"这篇时，来自印度的乔蒂"出现"在大家面前并打招呼……工作人员会向大家解释这本书是利用增强现实技术来达到如此让人身临其境的阅读体验。小读者都喜爱这种新奇而有趣的阅读体验，既学习了知识，还能身临其境地玩科学、学科学，激发了孩子们的想象力。

（三）放映科普视频、举办科普展览

西城区青少年儿童图书馆利用文化共享工程资源举办《地震灾害与人类的防震减灾》《认识自然》《远离毒品》等科普视频放映活动，举办绿色科技、新能源、航天发展科普展览，在青少年中推广科普阅读，普及科技知识，引导青少年爱科学、学科学、用科学。

图4　科普影视展播

三、走出馆门加强区域合作，与学校合作开展丰富多彩的科普教育活动

（一）创新科技，开启梦想，科普进校园活动

少儿科普阅读推广活动不能仅打阵地战，西城区青少年儿童图书馆作为科普教育基地，深入学校开展科普阅读宣传也是必不可少的。为此，我馆在馆内外同时开展了"创新科技　开启梦想"活动。走进学校的科普教育活动每期一

个主题，主题涵盖绿色科技、新能源、航天发展、科普天地、低碳环保等。通过科普知识展示、科普视频赏析、现场咨询、互动抢答、科技知识答卷等形式为同学们奉上一场场内涵丰富、特色鲜明的科普盛宴。同学们积极踊跃地参与其中，结合自己平时的知识储备以及认真阅读展板上最新的科技知识，积极获取科技动态信息，完成了知识答卷。活动有效利用数字化设备移动终端和无线网络传输，将优质的数字资源引入科普活动中，不仅普及了科技知识，还推广了少儿图书馆数字资源，加深了孩子们对图书馆数字资源的认识，提高了孩子们利用图书馆数字资源获取科学技术知识的能力。同学们广泛参与答卷、科普视频欣赏、互动抢答等活动。

图 5　创新科技，开启梦想，科普知识进校园活动

（二）举办科普讲座进校园活动

作为青少年科普教育基地，我馆长期与辖区内各中小学校保持密切联系，坚持开展科普讲座进校园活动，每年邀请科普专家进校巡讲。我馆先后邀请了北京市政协委员、北京麋鹿生态中心主任郭耕老师为北京市第十五中学学生主讲“生态、生命、生活”，北京教学植物园植物教学处明冠华老师为西城区育翔小学学生主讲“身边的鸟语花香”，北京市气象台气象科普馆馆长孙冬燕为西城区西单小学学生主讲“气象与我”，以及周口店遗址博物馆高爽老师为西城区浸水河小学学生主讲“你不知道的古动物”讲座。精彩的讲座受到了师生

们喜爱，也为科普讲座进校园活动赢得了良好的声誉。

图6　郭耕在北京市第十五中学进行"生态、生命、生活"科普讲座

（三）积极与学校合作，组织开展科普剧比赛

在科技周期间，我们组织西城区学生参加北京市青少年科普剧比赛。2015年科普剧比赛的主题是深入开展法制宣传教育，弘扬社会主义法治精神，树立法治理念，增强学法遵法守法用法意识。育翔小学的小演员们自编自排了科普短剧《烟雾中的警告》，表演生动又可爱，最终获得二等奖的好成绩。

图7　2015年青少年科普剧比赛

（四）积极与学校合作成立专项小组，开启青少年创作欲望，引导青少年创作科普剧本

为进一步调动和激励学校进行科普剧创作和表演的积极性，推动全区科普资源共建共享工程的实施，我馆组织开展青少年原创科普剧剧本征集评选活动，与学校合作成立专项小组。活动覆盖全区，有 103 所学校参与，经专家评审，从中选出 22 个优秀剧本，为实施科普剧展演活动打下基础，并为广大青少年提供了高质量的课外文化生活，丰富了青少年科普工作的内容与形式。

"创新科技　开启梦想"科普知识宣传阅读推广系列活动的开展取得了不俗的成绩，2015 年馆内外举办"创新科技　开启梦想"科普活动 22 场，6000余名师生聆听，近 3000 人次参加科普展览。活动受到广大少年儿童的欢迎。科普阅读推广工作是一个长期而艰巨的工作，未来，我们要做的是加强与北京市各区图书馆、学校合作，获取优质资源，利用活动平台，在实践的基础上总结其成效，并推动研究，让科普阅读推广活动成为西城区青少年儿童图书馆的特色活动。

苏州工业园区独墅湖图书馆科普阅读推广活动

邱　振（苏州工业园区独墅湖图书馆）

一、背景

图书馆是科普阅读普及的前沿阵地。苏州工业园区独墅湖图书馆自建馆以来，始终将科普阅读工作定位为图书馆的重点专项工作，在各级领导的关怀下，2010 年，经中国科普所高士其基金会授权，建立了高士其科普教育基地；2013 年，被苏州市科协授予"苏州市科普教育基地"称号；2015 年，被江苏省科协授予"江苏省科普教育基地"称号，并成为苏州首个"全国社会科学普及教育基地"。

二、主要内容

苏州工业园区独墅湖图书馆结合自身服务体系，不断推进科普阅读推广工作，包括：打造科普惠民站阅览室、高士其科普教育品牌，建立高士其科普教育基地，策划并实施高士其科普作品创意大赛，开展"领军人才话科普"系列讲座、亲子类科学系列讲座等。

（一）结合图书馆服务网络，打造科普惠民站阅览室

为提升社区文化品位、创建学习型科普社区、关爱居民精神文化成长，2014 年起，苏州独墅湖图书馆在苏州工业园区科协的指导下，分别在园区加城社区、湖畔天城社区、东湖林语社区、中海社区、翰林社区设立科普惠民站，向每个社区提供 1000 册科普图书。

1. 图书配送：据各社区工作人员反映，图书馆提供的图书资源受到社区欢迎，可为居民提供更多的阅读资源。

2. 统一安装图书借阅系统：由于场地原因，社区图书室基本都是和活动室共用，由社区居民志愿者管理，一般只允许居民现场阅读。后续图书馆将统一安装借还系统，让居民可以借阅图书，提高图书的实际利用率，也便于图书馆监管图书的流动性。

3. 图书类别调整：由于社区的老人和小孩是阅览室的忠实群体，图书馆专门配置了一些符合这类人群特点的科普类书籍（如养生类、青少年科普类）。

4. 科普活动与阅读推荐相结合：结合"领军人才话科普"系列讲座和"园区青创空间"系列活动，在社区阅览室内，给居民普及生活方面的科普知识，推荐相关图书，提高图书借阅率。

图1　科普惠民站

（二）打造高士其科普品牌，通过大赛和系列活动，推广科普阅读

1. 高士其科普教育基地，是传播高士其持之以恒追求科学精神的重要载体。近年来，在国家推进"大众创业，万众创新"大背景下，为了扩大青少年群体的创新意识及动手能力，帮助他们适应未来社会发展需求，我馆在馆内建设了高士其科普教育基地，2015年还对高士其科普教育基地进行了改造和软装升级，成立"苏州工业园区青少年众创空间"，为青少年提供交流互动、专业学习的开放性场所。通过系统性教学，高士其科普教育基地培养了一批具有创新意识，并具备实践操作能力的青少年创客群体。

图 2　高士其科普教育基地

苏州工业园区青少年众创空间引入"构思、设计、实现、运作"相结合的 CDIO 工程培养理念，将系统性工程培养引入青少年教育体系。众创空间内有专业团队担任辅导老师，通过开展培训、公益性讲座等活动，培养青少年的科技创新能力，尤其侧重培养他们在信息科技、人工智能、机器人技术等领域的技能。在课堂科学普及教学之外，让学生在动手实践中深耕科学知识。通过这个平台，学生们天马行空的构思设想有望转化为实物作品，甚至成为产品走向市场。图书馆通过开展这些活动有望逐步形成青少年创客教育、青少年机器人教育两大项目品牌。

图 3　苏州工业园区青少年众创空间品牌活动

2. "高士其科普作品创意大赛"经高士其基金会授权，由苏州市科协与苏州市教育局主办，苏州工业园区科协与独墅湖图书馆承办。至2016年，大赛已连续举办8届，积累了青少年科普教育的丰富经验。每届大赛确定一个主题，鼓励参赛者在了解相关行业科技知识的基础上，发挥想象力，以作文、绘画、模型等形式创作创意作品。8年来，全市累计近1.6万人，460余所学校组织参加比赛，大赛产生了广泛而深入的影响。图书馆通过一系列的科普阅读推广策划，使更多的孩子接触科普知识，拓展孩子们的阅读空间。

2016年6月结束的第八届大赛，以"智造梦想"为主题，要求参赛者在了解"人工智能"相关科技知识的基础上，发挥想象力，创作作品。大赛共收到来自苏州全市范围内66所学校提交的参赛作品2468件。经组织专家评审，共评选出获奖绘画作品47幅、模型作品24件，优秀指导老师10名，优秀组织奖10个。

图4　高士其科普作品创意大赛参赛作品

图书馆举办的"智造梦想"科普展也吸引了诸多市民及小朋友围观。科普展分为"3D打印和人工智能专题展区"和创新创业展区，其中"3D打印和人工智能专题展区"邀请科沃斯机器人博物馆、语音识别领军企业思必驰、CY3D打印中心、3D梦工厂等企业设立展位。观众在现场可以与未来家居机器人进行互动，也可以参观3D人体扫描，3D打印巧克力、工艺品、人体器官等科技产品的展览。科普展让市民们开拓了科技视野，领略了高新技术的独特魅力。

3.向中小学捐赠科学绘本。图书馆还结合区域重点产业，联合中科院纳米所，向园区中小学捐赠4D科学绘本《神奇的纳米王国》和《科学我知道》丛书。活动面向工业园区内的中、

图5 "领军人才话科普"系列讲座

小学生，通过捐赠科普读物与结合导读巡讲等形式，引导学生阅读、学习、了解纳米科普知识，提高科学意识。

（三）挖掘区域科普资源，开展"领军人才话科普"系列讲座

为了更好地向全社会普及科技知识、倡导科学方法、传播科学思想、弘扬科学精神，苏州独墅湖图书馆针对园区重点产业、科技人才等特色，围绕政府、企业、社会三者的关系和作用开展探索研究，持续开展"领军人才话科普"系列讲座，大力推动科普资源的开发和整合，邀请领军人才走进社区、学校，结合领军人才以及科技型企业的研究方向，以生动的形式让社会公众充分掌握与日常生活关系密切的科学知识。

（四）"科学爸爸"动手玩科学系列讲座

为了让孩子们在日常生活中培养科学素养，苏州工业园区独墅湖图书馆开展了"爸爸，玩什么"动手玩科学系列公益亲子讲座。在活动中，老师给孩子们展示了许多发生在日常生活中的规律，如关于"旋转"现象，老师引导孩子们观察：制作棉花糖时，机器所运转时的状态；玩呼啦圈时，其旋转的状态；生活中洗衣机工作时的状态；等等。通过一系列的现场举例，让孩子们能够自己发现其中的物理现象。

"大手牵小手、我带娃娃学中医"阅读推广活动

邵　怡　张永宁　徐晨辰（南京中医药大学）

一、概况

（一）案例主题

南京中医药大学依托中医高校图书馆拥有的中医特色资源与读者社团优势，以图文并茂的中医科普读物导读为媒介，结合具有中医特色的儿童护眼操、五禽戏的学习传授，在读书节期间，与学校附近幼儿园共同开展"大手牵小手、我带娃娃学中医"活动，把中医基础知识启蒙与运动体验相结合，共同促进中医信息素养与文化知识的推广与普及。

（二）开展背景

高校图书馆拥有丰富的文化资源、专业的阅读推广与信息素养教育培训队伍，结合自身特色优势参与城市文化建设和全民阅读推广，既是高校自身发展的需要，也是高校承担社会责任、提升社会引领作用、参与学习型社会建设的重要途径。

中医药知识是中华传统文化的重要组成部分，是我国劳动人民在长期的生产和生活实践中逐步形成的独具特色的文化遗产，与当代中国人的日常生活依然密切相关。而要促进中医药知识的传承与应用，对中医药知识的阅读推广最好从娃娃抓起，因为培养孩子的兴趣，树立孩子的价值观念，要比改变成年人容易得多。因此，在国家提倡大力弘扬中医药传统文化知识的今天，我们要采取合适的方式，让藏在中医药书籍中的文化知识活起来，让中医科普像交通法规、地震火灾应急常识一样被大家熟知。

（三）活动流程

1.需求调研

南京中医药大学图书馆"尚书讲坛"是以中医经典阅读推广为主旨的校园文化建设品牌栏目。讲坛以馆员为主导，通过需求调研，聘请中医药专家围绕中医经典文献讲授中医药专业与传统健康保健知识，每月一次，自2010年开讲以来，吸引了校内外众多读者前来听讲，其中也包括学校周边的老人与孩子。孩子们需要怎样的中医启蒙知识？什么样的方式才会引起孩子们对中医药知识的关注？围绕这些问题，图书馆一方面请家中有孩子的馆员利用送孩子上幼儿园的时间开展需求调研，另一方面，采取请进来的方式，请幼儿园的小朋友到图书馆来参观、感受中医药文化氛围，了解孩子们的需求。

2.方案制定

在需求调研与分析之后，图书馆阅读推广负责人与幼儿园负责人商议确定，活动分两个环节：首先，选择一个双方合适的时间，由幼儿园老师带领小朋友来南京中医药大学图书馆参观，通过观看馆内以中医典故为主题的壁画、历代中医代表人物图像、中医药发展史上的专业书籍展示，让小朋友对中医药知识有一个感性的认识；其次，选择小朋友喜闻乐见的生活习惯养成教育类绘本，结合中医护眼儿歌朗读、中医五禽戏现场学习等方式，动静结合，引导孩子们在读读看看、蹦蹦跳跳中接触并领略中医药科学的魅力，激发孩子们对中医药文化的兴趣。

3.实施准备

根据活动主题内容，馆员充分发挥中医药专业背景优势，在校内专家指导下，选择与幼儿生活习惯养成教育相关的绘本读物，精心采选小儿护眼儿歌，同时积极与学校武术社联系，编排适合幼儿学习的中医五禽戏，在孩子们的户外活动时间，开展学习互动活动。

（四）开展过程

1.请进来感受中医药文化：2016年5月25日下午，南京市仙林实验幼儿园小朋友在幼儿园老师的带领下走进具有浓郁中医药文化气息的图书馆。馆员带着孩子们参观图书馆"杏林穿暖、橘井泉香"壁画、华佗、李时珍等名医名家图片、针灸铜人实物等，讲解与中医有关的历史典故、名人故事，让小朋友对中医历史、中医药的作用有一个感性的认识。

2. 走出去推广中医药知识：2016 年 5 月 27 日上午，图书馆组织 6 名馆员与学校武术社 3 名成员带着准备好的绘本图书来到幼儿园。馆员带领孩子们一起唱爱护眼睛的儿歌，同时教孩子们做眼保健操。中医五禽戏传授由馆员与学校武术协会的同学一起合作，武协同学将五种动物的代表动作演示给孩子们，馆员结合专业知识进行内容讲解，孩子们一边学一边开心地笑。40 分钟的阅读推广活动结束后，孩子们恋恋不舍地回到教室。该活动受到了幼儿园园长与老师的高度认可，他们当场决定要以中医五禽戏的系统学习为契机，与南京中医药大学图书馆开展常态化的"大手拉小手、我带娃娃学中医"健康知识阅读推广活动。

（五）案例分析与活动总结

本次活动的成功实施及其形成的后续辐射效应，主要得益于以下方面：

1. 活动选择孩子们的户外活动时间，既不影响幼儿园的正常教学也不增加孩子们的额外负担。

2. 活动地点的选择兼顾安全与交通便利，南京市仙林实验幼儿园距离学校仅 1.5 公里。

3. 充分考虑阅读推广的受众特点，根据孩子们活泼好动、注意力时间短、合作意识弱等特征，馆员将阅读推广的时间严格控制在 40 分钟以内，将健康故事与朗诵儿歌、动手做操等形式结合，内容上环环相扣，保证孩子们有兴趣并专心致志地参与其中。

4. 传统中医药知识与我们的生活息息相关，内涵丰富的中国汉字、言简意赅的成语典故、富有韵味的药名诗词、充满智慧的神话传说，甚至百姓的日常话语，无不蕴含着丰富的中医药文化元素。用通俗易懂的语言向孩子们普及中医药知识，既可让孩子们拥有健康的身体，也能让中医药文化得到传承与实践。

5. 高校图书馆开展传统文化知识的社会阅读推广，需要创造性地挖掘传统文化与社会生活衔接的"兴奋点"，并结合社会需求与受众特点创新推广模式与宣传方式，以增强传统文化的吸引力、向心力、扩散力，只要用心服务，就能让更多的儿童与青少年成为弘扬传统文化的参与者和推动者。

二、创意亮点

（一）阅读推广主题契合社会需求，阅读推广团队具有专业优势

中医药文化是中国传统文化的重要组成部分，中医理论、中医实践与我们的饮食起居、身心健康息息相关。我国自古以来仅出书立说、百姓耳熟能详的优秀中医药学家就有数百名，华佗、扁鹊、李时珍济世救人的故事家喻户晓，用儿童喜闻乐见的方式促进传统中医文化知识的学习，不仅有利于中医药传统知识的普及，对于开启儿童心智、养成良好生活习惯、呵护他们的健康成长也具有重要作用。

学者朱永新在《我的阅读观》中提出："一个人的精神发育史就是他的阅读史，一个民族的精神境界取决于这个民族的阅读水平。"高校图书馆作为公共文化资源的一部分，向社会开放是其义不容辞的责任。一般而言，专业高校图书馆都拥有丰富的文献与文化资源，也有专业的馆员阅读推广团队，与校内各种社团有良好的互动合作关系，因此集成各种优势资源，采取生动有趣的方式促进特色文化知识面向社会推广，是公共图书馆服务的补充。

（二）阅读推广形式动静结合、寓教于乐，让小读者爱上图书馆

中医药文化推广作为传统文化推广的重要组成部分，近年来一直受到国家与社会的重视。采取合适的方式将蕴藏在专业书本的中医药知识进行简单、直观、形象、通俗的表达，以力求传播与普及，是中医药专业图书馆在文化传承方面应有的社会担当。

南京中医药大学图书馆在环境布局上具有典型的中医药特色，特色内涵的表现形式既有图片也有实物，在专业馆员的引导下，幼儿园的小读者能够获得符合其心理认知的科普知识。为此，我们先采取请进来的方式，通过讲故事让小朋友感受中医药文化，再采取走出去的方式，结合儿歌、绘本读物与五禽戏体操引导孩子们多角度感受中医的内容，整个活动少说教、多演练，充满了趣味性，在体验与交流中为孩子们打开了一扇学习中医药文化的窗户，培养了他们的学习兴趣。活动结束后，幼儿园园长和老师对馆员的专业讲解表示了高度的认可，小朋友纷纷表示还要再去图书馆，并要求馆员再来讲健康故事，园长甚至误以为主持活动的馆员是图书馆专门请来的幼儿专业老师呢！

三、活动总结

一次创意活动，引来无限精彩后续。

一直以来高校图书馆的服务思路与服务对象都拘泥于学校内部，随着时代的发展，高校图书馆如何承担引领社会文化的职责，发挥大学文化对社会的辐射和导向功能，提升整个社会的文化素养已经成为每个热爱图书馆事业的馆员的工作目标。

此次活动，高校图书馆馆员结合专业知识将阅读推广的课堂向校外延伸，阅读引导的对象也变为活动可爱的孩子。一次体验活动，形成了常态化的合作意向。据幼儿园老师反馈，活动结束后，小朋友们经常和父母、老师交流学习五禽戏、锻炼身体、中医故事、爱护图书等方面的知识，甚至有的小朋友强烈表示长大了也要到南京中医药大学图书馆来看书学习，童言稚语让馆员们内心充满了幸福感和自豪感，更增强了开展特色阅读推广活动的信心。

图 1　赠书给幼儿园孩子

图 2　学做五禽戏

图 3　组织小朋友参观图书馆

佛山市图书馆科普阅读推广系列活动

洪文梅　梁慧鸿（佛山市图书馆）

一、主要内容

佛山市图书馆科普阅读推广系列活动主要包括以下活动：

1. 3D 打印"小创客"教育课堂

2. "科普小达人"活动

3. 暑期青少年网页制作培训班

4. "玩游戏也能学编程"培训班

5. "科技梦，读书盟"科技主题读书会

二、活动背景

当今世界，科学技术的普及程度已经成为判断国民科学文化素质高低的重要标志。2015 年 5 月，国务院总理李克强做出重要批示，"科技发展和普及是大众创业、万众创新的重要支撑。要进一步完善科技管理体制机制，进一步培育尊重知识、崇尚创造、追求卓越的创新文化。"图书馆是人类知识宝库、地区文献资源信息中心，社会教育是其重要职能，科普教育理应成为其义不容辞的社会责任和重要工作。

佛山市图书馆一直致力于全民阅读推广工作，自 2014 年底佛山市图书馆新馆开馆以来，阅读推广活动更成为本馆一项重要的业务工作，"项目立馆""服务活动化""二代身份证免押金借阅"等办馆理念和创新服务陆续推行。2015 年全年阅读推广活动高达 1000 场次，服务人群超过 80 万人次。在这些形式多样，主题各异的阅读推广活动中，科普阅读推广是其中一个重要的板块。佛山市图书馆的科普阅读推广工作是以科普文献资源建设为基础，以最新技术设备运用、营造科学氛围为辅助，以科普文献宣传和推荐服务为主线，以开展科普教育培训、科技体验、科普活动为抓手，以全方位、系列化活动为形式开展的一系列持续性的工作和服务，在实践中取得显著成效。

三、活动流程

2015—2016 年我馆开展的科普阅读推广系列活动主要包括以下方面。

（一）科技创新思维培养类活动

1. 3D 打印"小创客"教育课堂

结合馆藏科普图书推荐，专题数据库利用，与佛山日报社学生记者俱乐部、佛山力尚三维打印科技有限公司、佛山市文化志愿者团队等单位和团体合作，利用 3D 打印设备，结合佛山人文元素、阅读文化，开展线下实体课堂、线上虚拟课堂相结合的创客教育课堂。

2. "科普小达人"活动

以培养"科普小达人"为主题开展的系列活动，包括科普知识专题讲座、科普视频展播、户外科普参观体验、科普知识有奖问答、科普文献资源、科普数据库推荐等。

（二）先进科技知识培训课程

1. 暑假青少年网页制作培训班

2015 年暑假期间，面向青少年群体、外来务工子女，集合馆藏的"网页制作"数字资源和本馆计算机技术人才，开展 6 个课时的基础教学活动。青少年读者学习上机操作，分组协作，完成作品并进行小组汇报，最后投票评选优秀奖项。

2. "玩游戏也能学编程"培训班

2016 年暑假期间，利用馆藏数字资源，集合馆内技术人员、文化志愿者，招募 60 名青少年学员，开展 20 个课时的编程学习之旅。

（三）科技主题读书会

组织科技主题读书会，以"科技梦，读书盟"为主题开展系列活动。活动以科普图书阅读为主线，通过创客教育、科技制作、科学实验来提高读书会成员的科学知识水平，使其掌握基本的科学理论和科学常识，提高成员动手动脑、分析问题、解决问题的能力，为科技素质教育奠定基础。

四、开展过程

（一）3D 打印"小创客"教育课堂

以"我心中的岭南建筑"为例

数字资源部梁慧鸿老师以哆啦 A 梦的一件法宝——"万能制造机"引入 3D 打印基础知识，鼓励读者思考不同形态的材料对应采用的 3D 打印成型方式。

在仔细观察 5 台工作中的 UP Plus2 3D 打印机后，青少年读者主动分享想法，分析得头头是道。梁老师推荐了《3D 打印　打印未来》等图书，青少年读者与家长在"3D 打印"图书专区寻宝阅读，拓展知识。公益合作伙伴彭军就老师使用建模软件 Sketchup 创建一座骑楼模型，楼身、楼柱、窗户、楼顶在他的操作下逐步成形，读者看得目不转睛。

青少年读者和家长认真构思、创建模型，老师与文化志愿者耐心指导解答疑问。创建好三维模型后，老师协助青少年读者把 stl 格式文件传送到 3D 打印机。读者兴奋地围绕着 3D 打印机见证作品的诞生。最后，青少年读者使用工具去除作品的支撑结构，打造出属于自己的岭南建筑模型。

图 1　青少年读者围观工作中的 3D 打印机

图2　青少年读者在"3D打印"图书专区寻宝阅读

图3　青少年读者原创的岭南建筑 3D 模型

（二）"科普小达人"活动

1.以"我们身边的科技发明"为例

佛山技术学院曾亚光博士分别从"加一加""变一变""改一改""定一

定""反一反""联一联""仿一仿"七个方面，对我们身边的科技小发明进行分析。曾博士妙趣横生的讲解和启发式的提问，让青少年读者和家长都积极思考、回答。讲座结束后，有读者舍不得离开，跟曾博士继续探讨关于科技发明的问题。

2. 以"机器人展览之旅"为例

"机器人展览之旅"在广东省智能制造示范中心拉开帷幕。展区所展出的工业机器人让不少家长啧啧称奇，娱乐机器人则让青少年读者马上兴奋起来："它会跳骑马舞！"

图 4　参加"机器人展览之旅"的孩子与家长合影

图 5　读者欣赏机器人跳骑马舞

3. 以《纸楼房》为例

知识性视频《纸楼房》讲述一群富有创造性的年轻人尝试搭建一座纸楼房的故事。视频赏析后，"科普姐姐"教儿童读者和家长做"纸房屋"。

（三）网页制作培训班

1. 以网页制作培训班第一期开课为例

佛图数字资源建设部携手技术部、文化志愿者，以互动教学、上机实操结合的方式，为 32 名青少年读者带来本期首场精彩课堂。

数字资源建设部主任洪文梅首先向学员表示欢迎，祝愿学员在我馆享受愉快、充实的学习时光。暖身活动时，老师、志愿者与学员玩起"串名字"游戏，大家在欢声笑语中熟络起来。

本堂授课老师梁永麟由数字资源"互联网、万维网"的知识讲解揭开了网络的神秘面纱；邀请学员模拟打电话情景，形象诠释了 IP 地址、域名、DNS 服务器；对比展示静、动态网页，介绍了 HTML 超文本标记语言和网页设计四剑客。"多台主机可以共有一个相同的 IP 地址吗？""不可以！任何一台主机都有唯一一个 IP 地址。"年仅 10 岁，来自南海中心小学四年级的学员周一鸣听得津津有味，正确回答老师提问。

"老师，我编写出我的第一个网页了！"学员谭朔在助教老师的引导下，在文本文档中输入自己的名字并更改文件格式为 html，用浏览器打开了他的首个网页。此外，学员也学会了在 cmd 中使用 ipconfig 命令查看主机的 IP 地址。通过两个小时短暂而精彩的课堂，学员收获了 Internet 和 Web 开发的基础知识。

2. 以网页制作培训班第二期结业为例

"欢迎进入二次元世界！我们网站向您推荐三部国外动画，另外暗藏彩蛋等您发现！""二次元小组"学员张均庭、董子铃等兴致勃勃地向学员们介绍他们组的结业作品。

一起学习了为期 3 周的网页制作培训课程的 8 个小组、27 名学员，在助教老师教学支持下完成了"哈利波特"等 8 个不同主题的结业作品。经过学员讲解及公开投票，"学霸一组"的"英雄联盟"与"随便吧"的"Givemefive"并列第一，"小七"的"生存战争"排名第三。

最后，软件通数据库讲师向青少年读者推荐 Dreamweaver 的学习资源，介绍数据库的使用方法，拓展了青少年读者的网页制作知识。

（四）科技主题读书会

以"我的科技世界"为例

2016 年 6 月 4 日下午，科技读书会首场馆外活动在石湾妇女儿童之家自助图书馆开展。本期活动的主题是"我的科技世界"，活动内容是由佛山市创立方青少年创意中心的创客导师陈金龙和青少年读者分享科技知识。

创客导师陈金龙向青少年读者简短讲解了从古到今科技发展历程以及科技对人们生活的影响，引发读者对科技的好奇。接着读者开始自主阅读科技类图书。在书中，大到航天技术与宇宙飞船，小到电阻与发光二极管，都引发读者的热烈讨论，"为什么飞机可以到天上飞却不会掉下来？""为什么船可以在水上行驶？""天上的卫星是用来做什么的？"……

青少年读者通过读书会学习了科学知识，也认识到自己所学知识的不足，表示要多读书争当小科学家。

五、案例分析与总结

（一）3D 打印"小创客"教育课

自 2015 年 9 月至 2016 年 5 月，3D 打印"小创客"教育课堂已开展了十期，深受青少年读者喜爱。借力互联网，课堂打破场所限制，从每期 30 个名额的实体课堂延伸至佛山市图书馆微信的线上课堂，累计吸引 1800 多名读者参加。

第一、九、十期课堂得到了中国国家图书馆网、《广州日报》《佛山日报》、网易新闻、新浪新闻中心、"佛山教育在线"微信公众号等媒体的报道支持。《广东图书馆园地》2016 年第 1 期刊登了《佛图开展 3D 打印"小创客"教育课堂》一文。课堂原定面向青少年读者开展，但在开展过程中发现，不少家长表示希望能够与青少年读者一起学习和创建模型。课堂根据读者需求改为面向家庭开展，得到了读者的大力支持。

每期课堂报名人数爆满。其中，主题为"Merry Christmas"的课堂更是有120 多个家庭报名。课堂尝试延伸至佛图微信公众号，让感兴趣的读者都有机会参加学习。

来自铁军小学的学生记者余承恩表示，"虽然软件的操作有难度，不容易掌握，但很有意义。"课堂根据读者反馈做出调整，推荐容易上手的网页版 3D

建模工具，让读者轻松获得良好的建模体验。

（二）"科普小达人"活动

从 2016 年 4 月至今，佛山市图书馆开展了 2 场科普知识专题讲座、1 场科普系列户外参观、3 场科普知识视频播放、3 场科普知识有奖问答、1 场科普类影片展播，累计服务了 1000 多名读者。

科普讲座讲师均来自佛山市科普讲师团，有丰富的科普演讲经验、专业的科普演讲水平。他们用生动有趣的语言向青少年读者讲授身边的科学知识，深受读者的欢迎。

外出参观更是受读者热捧。近距离认识机器人、欣赏机器人舞蹈秀、学习遥控航拍无人机，使不少读者感到意犹未尽，结束后迟迟不愿离开。

科普知识视频播放、有奖问答活动主要利用馆藏数字资源开展，图书推荐专区、影片展播专场主要整合科普图书和科普影碟资源推出。

（三）网页制作培训班

网页制作培训班是佛图首个为青少年读者设立的信息技术类培训项目。自 2015 年 7 月至 8 月，开展了两期培训，共 12 节课 24 学时。60 余名青少年读者通过参加培训，丰富了暑期文化生活，提高了信息技术素养。

培训班的授课团队的老师是佛图计算机专业的馆员。各馆员分别负责某一模块的知识教学，共同承担网页制作的培训工作。当其中一位负责授课时，其他馆员则与文化志愿者一起担任助教，协助青少年读者完成课堂作业。因此，馆员与青少年读者建立了友好的关系。

培训班后期阶段，青少年读者开始要以小组为单位协作完成结业作品。遇到问题，除了寻求老师指导，青少年读者渐渐懂得使用馆藏资源。培训结束后，有青少年读者表示期待佛图推出更深入的培训，他们乐意继续报名参加学习。

六、创意亮点

佛图科普阅读推广系列活动具有以下创意亮点：

1. 主题鲜明，形式多样。科普阅读推广系列活动，虽以科普阅读推广为主线，但是每期都独立策划，辅以不同的鲜明主题，并用项目管理的方法进行运作，形式各异多样，吸引读者踊跃报名参与，活动效益显著。以 2015 年暑期青少年网页制作培训班为例，该活动由数字资源建设部申报，联合技术部、联合图书馆部等部门组成项目团队，自 2015 年 7 月至 8 月，开展了两期培训，共 12 节课 24 学时。60 余名青少年读者参加了培训。

2. 线上与线下结合，馆内与馆外联动。科普阅读推广系列活动，不仅仅局限于本馆的资源和实体空间，更把活动扩展到了线上虚拟空间和馆外合作单位的场所，活动突破了空间、时间、资源的限制，服务覆盖面也得到了极大扩展。以 3D 打印"小创客"教育课堂为例，该活动借力互联网，课堂打破场所限制，从每期 30 个名额的实体课堂延伸至佛图微信的线上课堂，累计吸引了 1800 多名读者参加。"科普小达人"活动不单单在佛山市图书馆本馆开展，而且把活动扩展到了馆外的场地，带领"科普小达人"以亲子家庭形式参观广东省智能制造示范中心的机器人展，体验了无人机飞行、机器人表演等，让读者在丰富多彩的体验活动中感受科技的进步。

3. 整合各方资源，合作共赢。科普阅读推广是一项长期持续性的工作，我们注意吸收社会上各方的力量，共同参与，整合资源，提升效率降低运作成本，实现公益活动社会效益的最大化。以 3D 打印"小创客"教育课堂为例，合作方就有佛山力尚三维打印科技有限公司、佛山市文化志愿者团队、佛山日报社，这些单位分别为活动免费提供 3D 打印设备和耗材，提供协助的志愿者，进行宣传报道。结果该活动以零经费支出持续举办了一年，经济效益和服务效益实现双赢。而科技阅读主题读书会是由佛山市图书馆倡议组建、以科技文献阅读兴趣为纽带、以推广"全民阅读"为目的、由社会团体自发建立的阅读推广活动联合体，该读书会每年至少为市民提供 10 场科技主题阅读活动。

外来务工青年数字资源推广活动

邹希宽（北京市西城区第一图书馆）

　　多年来，西城区第一图书馆以"社区学习中心"电脑学习班为基础，通过培训、体验、讲座等多种形式为外来务工青年提供数字资源服务。经过长期探索和实践，西城区第一图书馆结合实际需求从全国文化信息资源、共享工程资源中精选出一批可帮助广大青年、弱势群体成长成才的特色资源，加上本馆自建和购买的数字资源，开发成课程，为进京务工青年进行培训。

图 1　正在认真学习使用数字资源的外来务工学员们

一、活动发展历程

进京务工青年群体同样属于西城社区学习中心的服务对象。区图书馆同团区委在调研过程中一致认为，努力提高进京务工青年的信息技术水平、缩小数字鸿沟，是服务进京务工青年的有效途径和重要突破口。在此基础上，2004年6月，西城区第一图书馆与团区委、微软（中国）有限公司、法国沛丰协会北京代表处合作，共同创办了为进京务工青年提供免费计算机培训的西城社区学习中心。

西城社区学习中心发展到目前已有12年，而数字资源也在这十几年中迅速发展、普及，所以我们在为外来务工青年培训计算机基础知识的同时，一直穿插数字资源课程。课程也随着社学中心和数字资源大环境的发展和变化而完善，当然课程设定的群体也与社区学习中心一致。

在服务对象上，我们明确界定为35岁以下，来京工作1年以上的进京务工青年；课程设计为每期培训班3个月、12课时，其中1课时为数字资源培训；在人员配备上，我们安排每40名学员组成一个班，每班有4名志愿者辅助教学，主讲由图书馆和数字资源厂商工作人员分别承担。

实践证明，这种数字资源推广方式符合进京务工青年学习成长的需要，为丰富他们的知识结构、提高他们的社会竞争力提供了机会和条件；同时，为广大志愿者和热心公益事业的各界人士提供了服务社会、奉献爱心的平台。

二、几点思考和建议

为外来务工青年进行数字资源的培训经过探索和实践，取得了丰硕成果，赢得社会各界尤其是进京务工青年群体的一致赞誉。我们在认真总结以往工作经验的基础上，对此类培训进行了审视和思考。

1.学会使用计算机是在外来务工青年群体中推广数字资源的前提条件

为进京务工青年的创业发展提供有效服务，前提是准确把握他们的需求。在当前信息时代，计算机和网络技能对人们的生存发展是至关重要的。随着国家科技实力的显著提高，进京务工青年大多数接触过计算机，但计算机操作技巧总体上比较弱，这对他们的就业造成了极大制约，同时对数字资源在这个群体中的推广也产生了阻碍。因此，他们要先学会使用计算机，才能利用数字资源进行自学。于是，我们便将免费的计算机培训确定为"社区学习中心"的主要培训项目，数字资源培训为辅助培训项目。实践证明，这个定位是十分准确的。在具体运作过程中，我们继续深入了解了学员需求的层次性和多样性，并将这些需求归纳提炼为活动发展的新内容，确保了社区学习中心对进京务工青年的吸引力和培训的实效性。

2.选择适合外来务工青年的数字资源进行培训，提高培训的可持续性

社区学习中心之所以能够保持旺盛的生命力，与科学的运作和管理是分不开的，与实际需求也分不开。数字资源培训也一样，我们将项目化管理方式应用到运作过程中，完善了整体规划、绩效评估等运行体系，为数字资源培训的长远发展注入持久动力，在培训过程中重点培训"就业培训数据库""CNKI中国学术期刊"等一些可以帮助青年人就业的数字资源。在整体规划中，我们对将要面临的新情况新问题进行系统梳理和分析，将数字资源培训作为社区学习中心课程的重要辅导内容之一，并根据需求不断加大比例。

3.资源共享，增加数字资源培训的影响力

"西城社区学习中心"的背后是一个庞大的管理团队，由政府机构、企业、NGO和公益机构组成，项目蕴涵着政府、企业和NGO这三类社会主体的不同诉求。微软作为跨国企业，在全球推出"潜力无限"项目，为发展中国家的弱势群体提供服务，一方面是为了树立良好的公益形象，另一方面也是为了培养潜在客户。西城区第一图书馆作为社会公益机构，有良好的硬件设施、文化氛围和服务公众的理念，是我区青少年活动的重要基地，希望可以获得的更高的社会价值及认可；NGO组织拥有类似的成功项目运作模式和管理经验，致力于人文关怀和社会正能量等相关公益项目的推广。三类社会主体的诉求随不同，但其共同的目标，都是提高社区学习中心的社会影响力。在社区学习中心成立10周年的庆典上，时任微软公司CEO的萨蒂亚·纳德拉先生，通过视频向社区学习中心表示祝贺，多方媒体进行报道，起到了很好宣传效果。社区学习中心主办的三方各取所需的同时，也都在利用自身的优势，对项目进行着宣传、推广工作，最终通过努力达成各方共赢。

今后在为外来务工青年数字资源推广工作时，我们将继续发挥自身优势，跟上数字资源行业的发展速度，寻找更多适合外来务工青年的数字资源，进行并整理加工，编成新的课程，服务于外来务工青年，善于利用数字资源和共享工程提供的各类资源和信息，促进各项事业不断取得全面协调可持续的发展和进步！

第二届科普阅读推广优秀案例

北京市通州区图书馆"科技星期天"少儿科普阅读推广创新案例

魏红帅（北京市通州区图书馆）

为落实科教兴国，人才强国的战略部署，北京市通州区图书馆不断加大科普阅读推广工作的力度，立足本职，放眼社会，联合社会力量，整合优质资源，以严谨、高效、丰富、新颖为原则，通过设计彼此相关的主题栏目，深度挖掘科普与科普阅读之间的关系，并将其延伸到社会各领域的生活实践中，充分发挥科普阅读的社会效应，在表现形式和内容上锐意创新，取得了良好的效果。

一、三位一体的"跨时空"栏目设置

三位一体的"跨时空"栏目群由"特斯拉实验室""I SEE 科技沙龙"和"蔚蓝视野"三个栏目组成，主题定位为"三位一体"的"跨时空"科普，打通时间的阻隔，用"经典科学""现代科学"和"未来科学"完整展现科学的历程，以此全面扩展科普阅读推广的时间维度和空间维度，使科普既有来龙又知去脉，使科普阅读的内容更丰富，关联性和整体感更强。

（一）栏目一：特斯拉实验室（经典科学卷）

该栏目的主要形式为讲解＋观察＋操作。设计团队为每一次活动设计具有代表性的科学实验设备，由主持人和讲解员通过现场操作，让观众观摩整个实验过程。在实验的每个部分进行之前，由讲解员进行讲解，保证实验的结构清晰，效果呈现明显。实验结束之后，选择安全性较高的实验项目，邀请现场观众重复操作。

"特斯拉实验室"以尼古拉·特斯拉的名字命名，特斯拉是举世闻名的以具有高度前瞻性著称的伟大科学家，他的科技发明奠定了现代社会发展的物质基础。

特斯拉实验室定位在展示"经典科学"。这一部分从希腊古典时期开始，历经泰勒斯、柏拉图、埃拉托色尼、托勒密，直至哥白尼革命和牛顿建立经典力学，包括中国科学家为科学史做出的不朽贡献，直抵19世纪科学的技术化和社会化时期，内容主要是经典力学实验、光学实验、电磁学实验和流体力学实验。实验以"取材于生活，效果惊艳神奇，需要认真观察，认真思考才能掌握原理"为原则，充分调动参与者的积极性和探索兴趣，激发人们多读科学技术书籍，在书籍中寻找解答的热情，培养人们向往科学世界和追求真理的意愿，并在每次活动中推荐相关书籍，包括：《科学的历程》《科学家故事100个》《被世界遗忘的天才：特斯拉回忆录》《极简科学史》等。

（二）栏目二：I SEE！科技沙龙（现代科学卷）

该栏目的主要形式为演示 + 讲解 + 操作。主持人使用精心设计的图片演示现象，再由讲解员对现象进行讲解，分解每一个实验流程，总结实验原理，并邀请现场观众参与一些比较安全的实验，共同完成实验。对于相对简单的实验，在讲解结束后，请观众现场重复操作。

"I SEE！科技沙龙"纵贯20世纪的重大科学发现，包括物理学的革命、地理学革命、原子时代、化学革命、航空航天时代、电子技术与信息时代以及生物技术时代的科学技术革新等。

该栏目大量引用了中国在20世纪下半叶在科学技术领域前赴后继的探索历程和重大突破，展现新中国如何突破科学技术壁垒，不断走向一个个胜利，在不懈攀登科学高峰的历程中体现民族精神和时代意志。在讲解时，讲解员根据讲解的主题推荐并引领阅读相关领域的书籍，推荐书目包括《钱学森传》《师从天才：一个科学王朝的崛起》《数学家的故事》《神经漫游者》《自然的魔法》等，多媒体科普资源包括《激荡三十年》《两弹一星》《霍金：时间简史》《英国天才》等。

（三）栏目三：蔚蓝视野（未来科学卷）

该栏目的形式为引导 + 讲解 + 展示 + 体验。主持人朗读一篇科学文章或介绍科学家事迹或科学事件，分析其中的科学元素及其对社会发展的意义，以图片或视频的方式展示最新的科学研究成果，再安排其中的部分可操作内容进行实验展示，并邀请观众现场体验。

"蔚蓝视野"从 21 世纪开始，将目光投向最前沿的科学技术领域，将最新的科学技术发明，最前沿的科学研究成果以视频、图片、图文的方式全方位展现，使参与者从中感受到科技进步的力量。不仅如此，该栏目还将科学幻想加入其中，使之具有鲜明的时间质感。这是针对进一步解放思想、激发创新精神而采取的设计举措。

"蔚蓝视野"栏目通过展现现代技术与现实生活、前沿科学与传统思维方式的反差制造感染力，激起参与者投身科学技术学习的热情。该栏目推荐书籍时间跨度从 19 世纪下半叶直至当前，例如：《儒勒·凡尔纳选集》《发现之旅：历史上最伟大的十次自然探险》《3D 打印：打印未来》《数学之美》等，推荐的多媒体科普资源包括《大脑探秘》《神奇的人体机器》《我聪明的大脑》《萌芽》等。

（四）创新亮点

科学的发展映射着人类文明的进步，因此，时间也是科学发展的重要组成部分。三个栏目组合集群的设计打破了"用形式区分科普载体"的习惯，使科普的时间线更加明晰，以前最容易被忽略的"科学技术发展史"和"思想史"重新获得应有的地位。

图 1　主讲老师在为小读者介绍特斯拉科普实验的趣味性

不同栏目的相互协作不再仅仅强调科学知识本身，更加强化了知识之间，以及知识与实践之间的关联，使科普阅读更加线性、自然和流畅，更有可学性、可读性；科普阅读范围也得到了大幅度扩展，从科学技术到人物传记、从科学技术史到思想史，阅读层次更丰润、更饱满。视频资源的加入使科普阅读的影响力和感染力得到了明显的提升。

图2　主讲老师现场模拟收音器穿过隧道时出现的现象，并解释背后的科学原理

二、将科普生活化，将科普阅读生活化

（一）栏目：“科普E点知”

该栏目的主要形式是讲解＋体验＋指导操作。设计团队选择生活中普遍的和具有代表性的现象，例如生活和学习的效率问题、生活用品的利用问题、营养健康问题等。讲解员讲解这些现象背后的原理，使观众得以将科学原理运用到生活中，解决实际问题。

“科普E点知”是专门设计用来衔接科普与生活的栏目，该栏目旨在“发现生活中的科学，找到科学背后的原理”。

最好的教育是潜移默化，科学最大的魅力在于应用。作为社会教育的重要形式，科普本身应该扎根生活。生活中的科技最能打动人心，锅碗瓢盆、柴米油盐背后的原理一旦被揭示出来，便会引起强烈而广泛的共鸣。该栏目推荐的书籍，其内容主要是以发生在生活中的事情为原型，既能够解决一定的实际问题，又能够引发不同层次的思考。推荐书籍包括：《生活中的魔法数学》《智力故事三百个》《生活中的物理现象》《男孩的冒险书》《眼睛看不见的东西》《写给小学生看的相对论》《神秘的量子生命》等，科普多媒体资源包括《流言终结者》《离奇的实验》《物理世界探秘》《你身边的科学》等。

（二）创新亮点

"科普E点知"并不讲解非常高深的知识，它所关注的恰恰是生活中最常见、最棘手、最麻烦的那些问题。由于非常贴近生活，这个栏目得到广大参与者的普遍好评，读者参与度非常高，热情高涨。"科普E点知"通过一个个问题将参与者引入各大科学领域，引导人们运用科学原理改变生活质量，实现了"科学生活化"的目标，让阅读发挥出生产力并因而更有意义。

三、由参与者再现历史瞬间，"在做中学"

（一）栏目：奥秘剧场

该栏目的主要形式是角色扮演＋情景模拟。由设计团队精心挑选科学史上的重要历史节点，设计表演情景，并选择合适的参与者扮演相应的角色，通过多媒体技术的配合，再现科学史上重要的历史事件。其他观众进行观摩、评论和集体讨论。

"奥秘剧场"是根据库尔特·汉恩和约翰·杜威"在做中学"的教育理念开设的特色创新体验栏目。大部分的科普活动要靠讲和做，"奥秘剧场"则大胆地在科学普及中引入了角色扮演与情景模拟：牛顿观察苹果落地、阿基米德火烧敌船、猫与电木……该栏目通过编排，参与人员进行角色扮演和情景模拟，将伟大的科学发现和那些精彩的历史瞬间用"情景剧"的形式"演"出来，让科学之光照亮心灵。

情景的再现让人们重新看到了在不同的历史时代，人类为了追求科学和真理做出过怎样的努力，经历了怎样的艰苦探索，引发人们对科学家、科学发现的历程的好奇心，引发对科技进步的思考。该栏目的推荐书籍以科学家传记为代表，如《别逗了，费曼先生》《居里夫人传》《爱因斯坦传》《故事中的科学》《数学大师：从芝诺到庞加莱》《艾伦·图灵传：如谜的解谜者》等，还推荐了部分优秀科教视频，例如《货币》《美国商业大亨发展史》《鸟瞰中国》《汽车百年》等。

（二）创新亮点

科学不仅仅是用来学的，更是用来体验和应用的，在诸多体验之中，历史的再现尤其能够震撼人心！科学发明不是一帆风顺的，科学家是一群热爱思考的普通人，他们经历的失败，遭受的痛苦和曲折同样具有价值。

角色扮演和情景模拟能够激发人们内心深处的波澜，让人们体会到人类在科学之路上曾经经历过并正在经历的坎坷和曲折，明白在科学探索的路上，失败与成功拥有同样的价值，充分感受意志品质的重要，让科普不再是冷冰冰的技术，变得有血有肉，有情怀、有温度、有人性、有格局。

图 3　参与者以家庭为单位上台通过情景模拟寻找科学原理

四、科普让人们更有社会责任感

（一）栏目：绿色家园、科技人

该栏目主要形式是展示＋讨论＋制作。该栏目动用了大量多媒体资源，设计人员选择一个多世纪以来最有代表性的图片和视频，由讲解员进行播放展示。其中有触目惊心的破坏，有优雅宁静的涵养，有肆无忌惮的发展，也有相得益彰的和谐。通过反差和对比，组织观众讨论，并由主持人引导制作一些绿色环保的实用物品，让参与者体会建设和谐社会和生态文明的意义。

在过去的几个世纪里，人类为了发展生产力对大自然进行了近乎毁灭性的掠夺和破坏。"绿色家园"栏目专门为环境保护和可持续发展而设置。"可持续发展"是这个栏目的关键词，各种废旧物品的回收利用原理、新能源的开发、新兴生物技术和生命科学技术都是该栏目的主题。该栏目旨在探讨科学技术和科学研究如何让人类的生活更美好，让生态环境更和谐。

"绿色家园"将环境科学和可持续发展能源作为底色，"科技人"则选拔知识量大、知识内容掌握准确、表达能力优秀的科普工作者和志愿者，参与科普知识讲解，充分调动知识丰富、能力强、奉献意愿强、乐于科学普及推广的群体，动员更多的"科技人"，营造"科学大家说"的良好氛围，在保证科学普及严谨性的前提下，让更多的人参与到推广普及科学技术、科学工作者事迹、先进科技资讯的队伍中来。该栏目推荐的资源不仅包括书目，还包括纪录片和科教片，例如：《诺贝尔奖得主的大学时代》《寂静的春天》《环球同此凉热》《独食难肥》《蓝色星球》等。

（二）创新亮点

科学技术的发展不是为了人类社会独善其身，而是为了让人类与自然更好地和谐相处。中国正在致力于建设生态文明，可持续发展必须深入人心，成为每个公民的自觉认识。通州区图书馆通过设置"绿色家园"和"科技人"栏目，把社会道德和可持续发展观表现为社会责任感和历史使命感，让广大民众领悟到：学习科学知识并不是为了学习而学习，而是要最终转化为现实生产力，为社会奉献才智。

图 4　科普志愿小达人通过设备向参与者介绍我们共同的家园——地球

五、把科普知识竞赛作为各栏目成果展示的渠道

（一）知识竞赛

策划团队将各个栏目涉及的知识点、科学理论、科研历程、科学工作者等信息有选择地整合为竞赛题库，再从中随机抽取题目作为竞赛题目。由现场观众组成参赛者阵营，展开知识竞赛，并对优胜者和参与者颁发纪念品，予以鼓励。

科普知识竞赛是促进和推动科普阅读的有力手段，也有助于验收科普学习成果。科普知识竞赛极大地激发了人们的参与热情，在竞赛活动的筹备阶段，数百组家庭全家总动员，踊跃参与，认真准备。

（二）创新亮点

通过竞赛的方式激发大众参与科学普及推广的内在热情，养成学习和积累科学知识的良好习惯，直接推动和促进科普阅读的开展，并将其转变为大众的能动行为、主动行为。

截止到 2017 年 10 月 30 日，北京通州区图书馆共举办了 120 场特色科普阅读活动，参加人数近 12293 人次，详见表 1。

表 1　2017 通州区图书馆科普阅读推广安排表

序号	栏目	科普活动名称	科普内容	参与人数
1	特斯拉科普实验室	如何运送"巨石"	用很简单的道具，再现运输"巨石"秘密的真相。	96
2		乒乓球太空漫步——伯努利原理应用	为什么乒乓球会悬浮于空中？	96
3		蝴蝶飞飞之"放电"	为什么塑料"蝴蝶"带电会飞起来？	96
4		吸管线圈团团转——伯努利定理	吸管可以喝饮料、喝牛奶，它与不相关的线圈能擦出什么样的漂亮火花呢？	96
5		拉不开的杂志——摩擦力	一张纸与一张纸之间的摩擦力很小，不足以令人察觉，随着纸张数的增多，摩擦力会有什么神奇的变化吗？	98

续表

序号	栏目	科普活动名称	科普内容	参与人数
6		水不会溢出来	当我们进入装满水的浴缸洗澡时，浴缸里的水会溢出来。但是当我们放入一样神秘物品在装满水的杯子里，水却完全不会溢出来……	98
7		报纸当成爆竹玩	报纸折一下，再甩开，会发出很惊人的声音，就像放鞭炮一样。	98
8		硬币浮现在纸面上	注意看，摩擦白纸……硬币就浮现出来了。	98
9		5角硬币金灿灿	想知道如何像变魔术一样，把黑乎乎的硬币一下子变得金灿灿的吗？	98
10		无法踮起的脚	踮脚尖是再平常不过的动作了，但如果面对墙壁，还能做这平常动作吗？	128
11		气球空气大挪移	将一大一小两个气球连接到吸管两端，气球会发生怎样的变化？哪一个气球力气更大，会把空气压向对方？	128
12		空气炮打靶	我们不用枪也不用箭，就能把前面的靶子打倒。谁有这么大的本领？一起来玩打靶游戏吧！	128
13		放在水里不会变湿的纸	把纸巾放在水里，它竟然安然无恙，这是怎么回事？	128
14		自动过滤纱布	小朋友们可能都没有发现，生活中普普通通的棉布条还是一名合格的搬水工哦，不需要任何外力的帮助，就可以把水挪个地方！好奇了？那就一起来看看它的无声表演吧！	128
15		施展魔法让气球乖乖听话	气球的小魔术。我们要让它乖乖听话，升起来、降下去，又或者是悬浮在水中，都由我们来指挥！小朋友们是不是心痒难耐了呢，这么神奇的魔法我们可以学么？	128
16		小苏打和白醋帮我们吹气球	让瓶子帮我们吹一个大大的气球，这能实现吗？	95

续表

序号	栏目	科普活动名称	科普内容	参与人数
17		棉花糖的制作原理	硬硬的冰糖可以变成松软的云朵棉花糖吗？	82
18		会喝水的土豆	拿出两个土豆，一个是生的，另一个是煮熟的，从外表是看不出来的，那我们要怎么才能分辨出来哪个是生土豆呢？这时候就需要做一个小小的实验，就能够告诉大家答案了。	130
19		变色的小魔术	三只看起来一样的杯子，往里加入相同颜色的水，却变成了不同的颜色，这是为什么呢？	130
20		纸桥游戏	一张纸的力量是多么薄弱，它也能当桥吗？	130
21		不能吹泡泡的肥皂水	肥皂水是小朋友们的最爱，可以吹出五彩的泡泡，可是实验中的肥皂水被施了什么魔法，居然吹不出泡泡来？	130
22		稳如泰山的父亲	当孩子猛冲向父亲时，父亲却可以像泰山一样纹丝不动，这是什么原因呢？	130
23		在水里绽放美丽烟花	烟花在空中可以绽放得很美，在水里也可以放烟花？这是怎么做到的呢？	96
24		旋转的玻璃弹珠	如何随意移走瓶中的球？来一起了解离心力的原理吧。	96
25		一张纸的威力	一张纸能举起一本书，你相信吗？	96
26		地球也有磁力	地球是一个很大的磁体，我们可以利用地球具有磁力的性质，自己动手做一个磁铁。	96
27		用醋做电池	醋除了食用以外，还能制作电池发电，你知道怎么办到吗？	96
28		自制迷你麦克风	通过这个实验教会你自制麦克风，小小主持人的梦想就可以实现了。	82
29		屏蔽磁场	通过一些小道具，我们就可以屏蔽磁场。	82
30		磁力线图像	磁力线是什么样的？不同的磁铁的磁力线不一样的，一起通过实验揭晓答案吧！	82

续表

序号	栏目	科普活动名称	科普内容	参与人数
31		会转弯的水流	利用静电让水流转弯。这是个简单易做又非常有趣的小实验。	82
32		被腐蚀的薄铝片	电具有腐蚀性？通过这一实验，我们来了解电的这一特性。	82
33		有味道的电流	电流有"味道"吗？什么是电流的"味道"？通过实验来感受下。	82
34		漂浮在空中的针	利用磁力，能使缝衣针漂浮在空中？	130
35		隔空取物	装在玻璃瓶里的钢珠，不用把瓶放倒就能把它们取出来，该怎么做呢？	130
36		跳舞的爆米花	爆米花不光好吃，还能跳舞？	130
37		电池吸针	电与磁在特定条件下是可以相互转化的，一起通过实验看看吧。	130
38		能被磁铁吸引的铅笔	铅笔是否能被磁铁吸引呢？来实验室试试看吧。	130
39		共振的小球	通过这个实验认识什么是"共振现象"？	130
40		简易电话机	用简单的日常用品制作出一部电话机。	130
41		喜好不同的真菌	不同的真菌有着不一样的喜好！	130
42		抗腐蚀斗士	走进钛的世界，走近这种神奇的金属。	130
43		面包长毛	面包放久了上面会长出黑色的毛毛，知道这是为什么吗？	130
44	I SEE! 科技沙龙	酵母菌的作用	酵母在面包制作时起什么样的作用？	126
45		三杯鸡精汤汁	生活中，你知道哪些调味品能抑制细菌的繁殖吗？	126
46		纤毛上皮切片	用显微镜观察纤毛上皮切片。	126
47		袋子里的青霉菌	见过青霉菌吗？它最容易在什么样的环境下生长繁殖呢？	126
48		腐烂的香蕉	真菌想细菌和微生物一样都是分解者，那你知道酵母菌会加速事物的腐烂吗？	126
49		运动神经元装片	用显微镜观察运动神经元装片。	126

续表

序号	栏目	科普活动名称	科普内容	参与人数
50		酶的作用	放在生物清洁剂中的鸡蛋，为什么看起来好像被咬了一口似的？	126
51		唾液的作用	碘酒溶液使面粉混合物的颜色发生改变。	126
52		双子叶植物茎横切	用显微镜观察双子叶植物茎横切片。	126
53		魔棒点灯	将硫酸滴在高锰酸钾晶体上点燃酒精灯。	126
54		皮蛋探秘	皮蛋又叫松花蛋，松花是从哪来的？为什么吃起来味道很鲜？	126
55		制作炫彩星空球	用氯化钙制作一只晶莹剔透的星空球。	126
56		制作美丽的熔岩灯	利用普通的泡腾片制作一只熔岩灯！	126
57		松叶横切	用显微镜观察松叶切片的组织结构。	126
58		圣诞树开花	制作一棵精巧的会开花的圣诞树。	126
59		水果电池	柠檬和橙子其实是天然的电池。	96
60	绿色家园	加里曼丹岛	探索突变飞行生物数量最多的加里曼丹岛，与亚洲大陆隔绝的"进化温室"。	96
61		西高止山脉	探索古老生物的"诺亚方舟"——西高止山脉独一无二的神奇生物种群。	96
62		哥斯达黎加	走近中美洲热带雨林，领略"生物万花筒"般的狂野哥斯达黎加。	96
63		纳米布沙漠	古老的纳米布沙漠荒凉干旱。却是众多小生命的家园，揭开这里隐藏的秘密。	96
64	卡西尼漫游	世界屋脊	领略青藏高原之美、喜马拉雅山脉之险，走近高山植被覆盖的青藏大草原。	96
65		塞伦盖蒂国家公园	这里有非洲最丰富的生物资源，还有摄人心魄的百万角马大迁徙，蔚为壮观。	92
66		阿拉斯加的精神	阿拉斯加是一块神秘寒冷的土地，走近这里的冰河、海岸和野生动物。	92
67		南极洲——探险之旅	凿开几公里厚的冰盖，搭乘直升机飞越冰河，与企鹅冰天雪地的故乡对话。	92
68		澳洲——跨越时间之地	独特的地质构造成就了澳洲独立于世外的生态系统，充满极致之美。	98

续表

序号	栏目	科普活动名称	科普内容	参与人数
69		冲出地球	太空先驱们拍下的超乎想象的影像,来揭秘美国航空航天局不为人知的秘密。	98
70		奔向月球	走进离我们最近的天体,探索月球几千年来留给人类的数不清的秘密。	90
71		胜利与牺牲	细数太空先驱们在人类航天史上做出过的那些壮举。	90
72		发光发热的恒星	在可观测的宇宙里,有超过一千亿个星系。光是在我们的星系里,就有一千亿颗恒星。恒星数量超过地球上的沙粒。	90
73		宇宙何其大	跟随宇宙学家探索历史上最为雄心勃勃的宇宙地图,领略超出想象力的浩大。	96
74		巨大的星系	银河系有几十亿颗恒星,太阳只是其中之一,星系是恒星诞生和死亡的地方。	96
75		美丽的土星	这是一个有着美丽光环的巨大行星,它是否真的像望远镜里看到的那么美丽。	96
76		探索明亮的超新星	在宇宙史上,超新星是最大的"激变"。它们非常明亮,整个宇宙都能看到。	96
77		走近行星的世界	人类发现了岩石行星和气体巨行星的存在,探索岩石行星和气体巨行星的秘密。	96
78		探索太阳系	我们的太阳系有八颗行星和三百多颗卫星,数以亿万计的天体藏匿其中。	96
79	科普E点知	弥漫的水迹	水滴在报纸上,会发现水迹在不断地扩大,知道这是为什么吗?	93
80		变苦的橙汁	刷完牙后再去喝橙汁,会感到嘴里特别苦,这是为什么?	85
81		不会漏水的纱布	常识告诉我们,纱布是不能防水的,但这个实验里的纱布却可以滴水不漏。	87
82		拳头有多大	你知道自己的拳头实际上有多大吗?	86
83		洗衣粉去污能力	日常生活中,洗衣服常常用到洗衣粉,那洗衣粉的去污原理是什么呢?	86

续表

序号	栏目	科普活动名称	科普内容	参与人数
84		水中的蛋壳	同一个鸡蛋的壳放在水里会呈现不同的状态，一个开口向上一个开口向下，知道这是为什么吗？	87
85		神奇的杯子	永远都装不满的杯子。	82
86		变小的体积	1+1=2 的运算法则在这里失效了，这是咋们回事呢？	80
87		积水的流动	只要用心观察生活，就会发现我们身边处处都闪耀着科学之光。	80
88		水的涟漪	去旅游的时候，看着波光粼粼的水面，感叹景色美好的同时，有没有想过美好的景色是怎样形成的呢？	86
89		打水漂的原理	选一块薄而平的石片，贴近水面抛出去就可以打出一片片美丽的水花。	85
90		眼中的灰尘	人的眼睛里其实布满了灰尘，通过这个实验可以确认无疑。	88
91		为什么星星会眨眼睛	为什么天上的星星会眨眼睛呢？	80
92		水棱镜	我们可以用水制作的棱镜来分解光的颜色。	90
93		会变色的水	在这个实验中，杯子里水的颜色会不断变化，这是为什么呢？	92
94		水滴放大镜	用水滴和玻璃片就可以制作简易的放大镜。	96
95		从羽毛里看世界	从羽毛的缝隙里看蜡烛和我们平时观察到的有很大的不同。	93
97		用指甲油看光谱	指甲油可以把光分解成很多颜色。	98
98		杯子也长眼	在这个实验中，杯子上的图像和实物是相反的。	85
99		七彩的蜡烛	蜡烛点燃以后，我们通常只能看见黄色火焰，在这个实验里，我们可以看到七彩火焰。	80
100	蔚蓝视野	宇宙是什么	我们从诞生之日起就对宇宙充满好奇与想象。今天的我们认识宇宙了吗？	82
101		世界由什么构成	炼金术师、化学家、量子物理学家都在思考的问题。	94

续表

序号	栏目	科普活动名称	科普内容	参与人数
102		生物的起源	这是人类最切身的问题。生命究竟是如何起源的,这背后隐藏着什么秘密?	94
103		人类有无穷力量吗?	人类是怎么一路从瓦特蒸汽机发展到爱因斯坦的能量质量换算公式的?	95
104		前进中的生命科学	盖伦、哈维、虎克,无数人参与过生命探索之旅,生命科学由此蓬勃发展。	95
105		人类自己的秘密	这是人类在不同时代,以不同角度思考这个问题。我们真的是独一无二的吗?	95
106		正负电子对撞机	通过3个完整的小故事将科学道理融入其中,其中的三维动画精彩而通俗。	95
107		种质资源库	种子微不足道,却创造生命,调节气候,走近我国正在建立的"诺亚方舟"——中国西南野生生物种质资源库。	95
108		LAMOST 望远镜	作为世界上同时获取光谱量最多的望远镜,LAMOST 正在为全世界工作着。	95
109		重离子加速器	它是能够治愈癌症,探寻宇宙奥秘,发现人类起源的神奇机器,神通广大。	95
110		懒猫与电木	猫在帮助人们发现了碘以后,又干了一件事……	95
111	奥秘剧场	听诊器的故事	世界上第一个听诊器的发明人,距今已有200多年的历史。	95
112		欧文与恐龙	理查德·欧文:第一个给恐龙命名的人。	95
113		发现"活化石"	拉蒂迈鱼的发现震惊了全世界。	95
114		元素周期表的发现	元素周期表的发现被公认为世界科学史上的一个奇迹,他是如何被发现的?	95
115	绿色家园	独特方式科普海龟	通过视频、绘画讲解海龟的起源、外形特点、主要种类和生活习性,并 DIY 涂鸦独一无二的海龟,这些涂上色的海洋生物只要通过扫描机就立马在大屏幕的海底世界游动起来。	95

续表

序号	栏目	科普活动名称	科普内容	参与人数
116		独特方式科普海马	同上，对象是海马。	95
117		独特方式科普河豚	同上，对象是河豚。	95
118	科技人	人机交互学单词	利用体感设备让小朋友在运动的过程中学习英语单词，通过肢体动作学单词。	95
119		自然科学知识竞赛	以自然科学为主体的知识竞赛。	220
120		科普总结展	以家庭为单位，参加科普知识竞猜，展示全年科普活动精华。	210

☞专家点评

　　北京市通州区图书馆"科技星期天"少儿科普阅读推广创新案例是通州区图书馆一项实践性较强的品牌性科普推广活动。它通过彼此关联的主题栏目，简洁醒目的标题，生动有趣的组织形式，吸引了少年儿童的注意力。此项科普活动无论形式还是内容都具有一定的创新性，并取得了良好的实践效果，更为难得的是它将科普活动与科普阅读进行了有效挂接。"特斯拉实验室""I SEE！科技沙龙"和"蔚蓝视野""科普E点知""奥秘剧场"等板块，通过讲解＋观察＋操作的形式，既串联起科学发展的宏大脉络，同时也化难为简，"在做中学，在学中做"，将科普生活化，将生活科学化，此项科普活动既具有活动的丰富性，又具有阅读的指导性，因而值得推荐。

——首都图书馆宣传策划部主任、研究馆员　王海茹

数字阅读空间里的科普实践项目

——浦东图书馆数字体验嘉年华

刘　丹（上海浦东图书馆）

在社会环境变化、信息技术发展的背景下，数字阅读、新技术体验、创客教育等相继成为公共图书馆探索实践的焦点。上海浦东图书馆在建设打造数字阅读新空间的过程中，努力将阅读服务、技术体验和学习促进相互结合，"数字体验嘉年华"就是这样的一个实践项目。

一、项目背景

（一）建设定位

随着数字内容的产生和数字技术的发展，数字阅读已完全融入人们的生活，众多公共图书馆均在积极探索数字阅读内容与阅读方式的推广。在这一背景下，2016 年浦东图书馆联合上海浦东文化传媒有限公司在馆内建设了"数字体验中心"这一新服务空间。整个空间面积约 400 平方米，于 2016 年 7 月正式面向读者开放，全年 365 天面向公众开放，每周开放 56 小时。其建设目的和定位为："引进、展示并推广符合时代发展的新型阅读技术、设备、资源与方式，打造数字阅读推广的前沿阵地和文化领域应用现代技术的体验空间，承担青少年创客空间的功能。"

（二）功能布局

在功能区域和服务项目的设计上，浦东图书馆数字体验中心形成了"听＋看＋读＋活动体验"相结合的模式。

图 1　听：耳机森林体验区域

在"听"方面，与喜马拉雅 FM 合作，定期更新音频书，读者可通过蓝牙耳机、手机扫码等方式体验"听"书阅读。

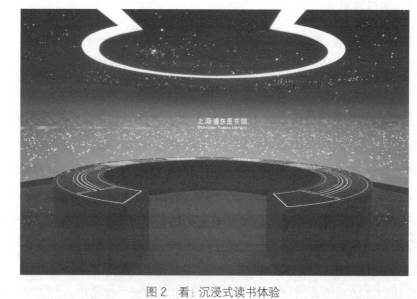

图 2　看：沉浸式读书体验

在"看"方面，将读物内容提炼整合并编撰成剧本，制作出每部 5 分钟左右的多媒体影片。读者可在 210° 弧幕、立体声渲染的沉浸式空间进行观看。

在"读"方面，配备多台装置丰富资源的 iPad 和 Kindle，供读者进行数字阅读。同时提供各类电子书、电子报刊阅读机供读者浏览和扫码保存阅读。

图 3　活动体验：智能机器人互动

在活动体验方面，利用数字体验中心的活动空间和设施设备，定期组织开展面向少年儿童的科普体验和阅读交流活动。

二、项目实施

"数字体验嘉年华"是浦东图书馆数字体验中心在 2017 年推出的项目。

（一）设计策划

在 2017 年 6 月数字体验中心即将运营满 1 周年之际，浦东图书馆着手策划了"数字体验嘉年华"项目。该项目主要围绕以下三个基本目标：

1. 集中向读者提供菜单式的数字阅读和新技术体验；

2. 针对性地向少儿读者提供科技体验和科普、创客课程；

3. 整体提升数字体验中心的吸引力和关注度。

浦东图书馆与浦东文化传媒有限公司、浦东新区科协以及多家社会机构及企业合作，在调整整合、设计增加活动项目的基础上，最终确定了"嘉年华"项目框架：

1. 时间跨度 1 个月（2017 年 7 月 1 日至 7 月 31 日）；

2. 5 类体验项目、6 类 /25 场活动；

3. 体验类活动适合各年龄段读者，课程类活动侧重于青少年读者。

表 1 浦东图书馆数字体验嘉年华项目汇总

	项 目	内 容	时 间	参与方式
活动	STEM 科学实验室	青少年科学课堂	每周二 10:00—11:00	微信报名
	DIY 童绘彩蛋	儿童绘画黏土创作	每周四、六 10:00—11:00	微信报名
	数字电影	3D、4K 高清数字电影观赏	每周五 13:30	微信报名
	机器人探索	少儿乐高机器人搭建	每周日 13:30	微信报名
	VR 自然课堂	天文、绘画主题体验	每周三、五 10:00—11:00	微信报名
	石头汤漂流	儿童绘本漂流活动	全天	微信报名
体验	VR 设备体验	古诗词欣赏	周一至周六 14:00—15:00	到馆体验
		自然生命探索	7月8日 14:00—16:00	到馆体验
	环屏书体验	《海燕》《道德经》《前赤壁赋》《哥伦布传》	每天 15:00—16:00	到馆体验
	涂鸦海洋馆	智能扫描投影互动	7月13日—16日 10:00—11:00 13:00—16:00	到馆体验
	智慧图书馆	耳机森林	全天	到馆体验
		数字阅读器		到馆体验
		全息立体书		到馆体验
		智能机器人		到馆体验
		触屏书法机		到馆体验
	数字阅读	电子图书免费下载	全天	到馆体验
		电子读报机		到馆体验
		"数字浦东"App		到馆体验

（二）开幕式

2017 年 7 月 1 日嘉年华举行开幕式预热活动，机器人舞蹈秀、3D 打印笔涂鸦、VR 互动活动等吸引了大量读者参与。

（三）宣传推广

图 4　邀请本地媒体采访报道

图 5　印制发布嘉年华活动折页

图6　通过图书馆公众微信号推送十余次活动发布及招募

（四）主要活动

1.体验项目

所有体验性项目均免费、免预约，读者到馆即可随时参与，并有工作人员现场辅导。

（1）VR设备体验：为读者提供200首古诗词主题场景和数十个自然生命探索体验场景。

（2）海洋涂鸦角：利用智能扫描投影成像的"维度转换扫描仪"，将读者绘制的平面作品投射为立体动态图景。

（3）数字阅读体验：共有6台配置了丰富电子书报刊以及视频动画资源的数字阅读机供读者使用。

图7　读者在体验多种数字阅读机、数字学习机

（4）智慧图书馆设施体验：提供配合 iPad 使用的全息 AR 立体书，让广大读者体验到了有声音、有动画的读书方式；两台智能机器人时时与读者对话互动；虚拟书法机模拟了"无墨"书写毛笔字的体验，吸引了众多的到场读者。

图 8　小读者体验全息立体书

图 9　读者与智能机器人互动

图 10　小读者体验虚拟书法机

2. 课程与活动

周二至周日每天有课程活动安排，均可在图书馆微信公众号在线报名、免费参与。

（1）STEM 科学实验室（每周二）：设计了跨领域的科学现象主题探秘课堂，包括神奇干冰、空气大力士、水滴放大镜等。

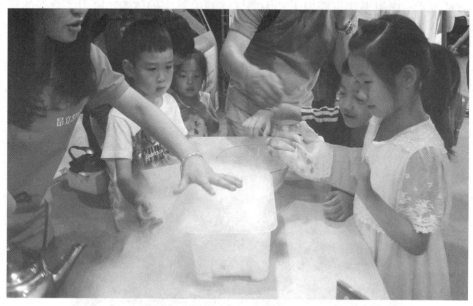

图11　小读者们正在观察干冰升华现象

（2）VR 自然课堂（每周三、周五）：用 VR 数学的方式上物理课，学习太阳系运行、宇宙大爆炸等宇宙现象及其背后的知识。

（3）DIY 童绘彩蛋（每周四、周六）：以美术创造力发掘为主题的 DIY 彩

图12　小读者们排队使用 VR 教学设备

绘课堂，结合绘画与超轻黏土，让孩子们完成属于自己的手工创作。

（4）3D 数字电影（每周五）：3D、4K 高清数字电影放映，选播充满正能量、故事性强的经典影片，让大人与孩子可以共同欣赏。

（5）乐高机器人探索（每周日）：面向小学生的乐高动力机械课程，每周一开课，目的是扩展孩子对于物理、几何知识运用的兴趣，培养孩子的分析判断及动手能力。

图 13　孩子们的彩蛋作品比拼　　　图 14　孩子们在乐高课上学习
　　　　　　　　　　　　　　　　　　制作大吊车

三、项目效果

（一）显著的直接成效

在整整 1 个月的数字体验嘉年华活动期间，25 次活动课程有大约 650 人次参与，近 3000 人次参与各类设备及活动项目体验。平均每天有超过百人在数字体验中心内参与活动、体验和阅读，使之迅速成为图书馆内的"热门空间"。

书法触屏、VR、全息立体书、交互多媒体扫描装置等比较新的技术应用和普通家庭很少配置的设备资源集中于此，图书馆为广大读者提供免费开放、零门槛的体验机会，丰富了他们对科技的认知与体验。

乐高机器人搭建、STEM 科学实验、VR 自然课堂以及手工 DIY 等课程成为青少年拓展知识面的首选。

（二）积极的长期影响

1.通过此次活动，数字体验中心这个空间的知晓度进一步提升，在这之后大半年里到访率相比以前有明显提升。

2.本次活动中的多项活动项目与设备通过与合作方的短期协议获得。经过嘉年华的实践，馆方正式将受到读者欢迎的部分项目和设备引入体验中心，长期向读者提供服务。

3.面向少儿的课程式学习拓展项目成为数字体验中心的常规项目。我们后续接连开展了多期乐高机器人搭建课程，引入 3D 打印机实践课程，向小读者提供了更多科学融入和创新体验的机会。

4."数字体验嘉年华"作为数字体验中心的成功运作项目，将坚持在每年7 月定时开展，持续为读者打造一年一度的科技体验盛宴。

四、亮点与经验

（一）社会化合作

"数字体验嘉年华"的成功举办，得益于广泛开展的社会化合作。浦东图书馆与浦东新区科协共同出力，与上业科技、超星、昂立教育、蓝悦云服务、夏加尔美术等近十家科技服务、教育行业单位合作，引入合适的资源、设备及服务项目，保证了活动内容的丰富、完整和高质量。

在合作方式上我们对设备采取了借用和租用的方式。先引进体验，在项目结束后根据使用情况和预算，对部分设施设备以购买或签订租用协议的方式保留。而对活动项目则采取试用、按次购买的方式进行，根据需要再签订后续采购协议。通过以上方式，我们成功地控制了嘉年华项目的前期成本，并使得数字体验中心的项目引进更加合理、理性。

（二）科普活动课程化、体系化

作为终身学习场所和公共文化空间，公共图书馆有开展大众科普活动的使命和责任。本次嘉年华中我们特别引入了多个面向青少年读者的活动项目，并在前期对活动内容做了预设安排。科学实验、乐高机器人这样的科学类活动形式课堂化、内容体系化，让孩子们的参与过程更像"学习"而非"简单体验"，让连续参与其中的孩子们能感受到学习的连贯性。

"课程化、体系化"的思路，进一步指导了后续科普活动的开展。例如数字体验中心在 2017 下半年连续开展的 20 个课时的乐高机器人搭建课程，按照体系涵盖了杠杆、齿轮、机械臂等知识单元，使课程更加全面立体。

（三）空间运营与项目共生

随着科技进步和数字阅读的不断发展，建设新技术体验、数字化应用甚至休闲娱乐新空间正成为公共图书馆探索转变的新趋势。"数字体验嘉年华"项目诞生于浦东图书馆的这样一个"新空间"，它的运作与空间的运营互为促进，依赖生长，向我们展现了一种积极的共生关系。

公共图书馆打造有生命力的服务空间，离不开持续举办的与之相匹配的活动项目；而不同类型的读者活动，也应当依托于恰当的空间之中，两者相互推动。

五、结语

"数字体验嘉年华"项目是浦东图书馆紧跟数字阅读发展的步伐、探索新空间运营的一次尝试，也是响应科普阅读推广号召、发挥学习空间职能的一次实践。科普活动与主题空间运营有机结合，为浦东图书馆持续开展科普阅读推广奠定了基础。

☞ **专家点评**

上海浦东图书馆的"数字体验嘉年华"活动，体现了科普阅读推广的如下特点：

1. 通过社会化合作提高图书馆服务能力，打造全新的数字化阅读与科普推广空间，并形成集活动、课程和体验为一体的空间效应。

2. 从新型阅读技术、设备、资源与方式等方面展现了数字化科普推广的风采，吸引的读者人数超过以往的科普推广活动，成为新型展览/展示阅读推广活动的范例。

3. 符合当代青少年学习习惯和兴趣的科普课程与学习内容，有益于青少年对科学知识的理解、探索和掌握。

未来需要进一步完善的是该活动如何持续发展，并打造成经典品牌。

——河北大学管理学院信息管理工程系主任、教授 杨秀丹

古书中挖掘古人成就 互动中读出古人智慧

——中华文明与科技创新之古代数学展

孟 平 莫晓霞 陈佳男（中国科学院文献情报中心）

中国科学院文献情报中心是支撑科技自主创新、服务国家创新体系、促进科学文化传播的国家级科技文献情报机构，主要为自然科学、边缘交叉科学和高技术领域的科技自主创新提供文献信息保障、战略情报研究服务、公共信息服务平台支撑和科学交流与传播服务。

基于自身丰富的科技文献资源及科学传播经验，文献情报中心联合北京师范大学策划"中国古代数学展"于 2017 年 9 月份参加了由团结香港基金主办的"创科博览 2017"——中华文明与科技创新展。该展览由科技部、中科院、香港创新及科技局、香港教育局、香港民政事务局、中联办教科部支持举办。该展览重点以中华民族五千年科技发展进程为主线，采用古代科技创造发明与现代科技创新成果对比、有机结合的方式，系统展示中国古代的科技成果，以及相对应的当代科技创新成就，昭示中华民族五千年科技发展与进步。

我中心深入挖掘馆藏古籍中的数学古籍资源，筛选古籍中的特色、优质内容，共展出"割圆术""九九乘法""勾股容圆""增乘开方法""十进位值制与算筹记数法"等 8 个系列共计约 30 类展品，占据了最中心场地的三个展区。受到了香港各界市民尤其是中小学生的热烈欢迎。

一、活动内容

（一）深入挖掘古籍内容，展板史料翔实

本次数学展的内容均来自于记载我国古代数学的古籍和善本：《孙子算经》、许慎《说文解字》、《九章算术》、刘徽注《九章算术》、祖冲之《缀术》、李淳风《九章算术注》、杨辉《详解九章算法·纂类》、沈括《梦溪笔谈》、容庚《汉金文录》、项名达《象数一元》、《九章算术细草图说》、朱世杰《算学启蒙》、李冶《测圆海镜》、《河防通译》、《益古演段》、徐岳《数术记遗》、梅瑴成《增删算法统宗》、吴大澂《权衡度量实验考》、李俨《中国数学大纲》、郭沫若《卜辞通纂》等。在各个知识点中附加来自古籍的书影，生动真实。例如：

1. 十进位值制

对于自然数，从一开始每增加到上一个基本数字的十倍就用一个新数字符号或以新方式用已有的符号来表示，这就是十进制。目前出土的商代甲骨文就有一至九、十、百、千、万共 13 个数字符号；前九个与后四个结合，分别表示十、百、千、万的倍数。甲骨文中有这样几段文字："俘人十又六人""鹿五十又六""五百四旬又七日"等，从中不难发现当时人们的确已经在使用十进制了。

图 1　甲骨复原图

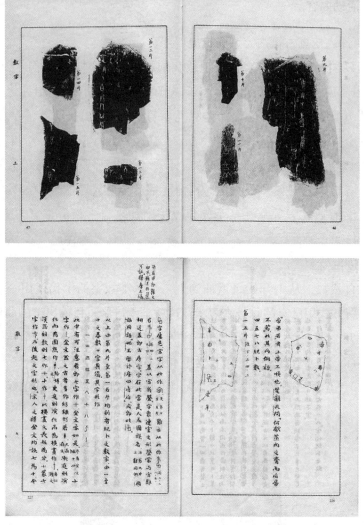

图 2   郭沫若《卜辞通纂》中关于数字 1—10 的甲骨文拓样及相关文字说明

2.算筹

　　算筹是古代进行数学计算的工具，也称为策、筹、算、筹策、算子、筹算等，它是一些像筷子那样的小棍状物，大多用竹子制作，也有铁、骨头等质料，用它摆出数字，就能进行计算。《说文解字》竹部中"算"字这么解释："从竹从具，长六寸，计历数者。"这是说明"算"是一切数字计算所用的竹制的工具。"算"有时叫作"筹"。算筹采用的是十进位制的记数方法，同一个数字在不同的数位上，数值也就相应不同，每进一位数值乘 10，并且在算筹盘上以空位表示 0。以颜色区分正负数，刘徽注《九章算术》称："正算赤，负算黑"。为了不使数字和数位混淆，算筹采用纵式和横式两种方法记数：

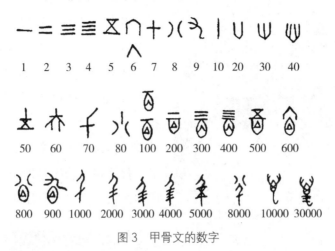

图 3　甲骨文的数字

古代算筹记数的摆法

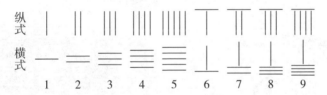

图 4　李俨《中国数学大纲》中所示算筹摆法

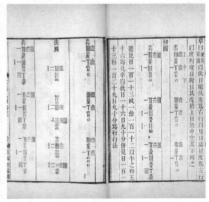

图 5　中国科学院文献情报中心所藏古籍中记载的算筹图示

图6 伏羲女娲手持算筹和准绳（现藏于新疆维吾尔自治区博物馆）

算筹的实物，已考古发掘出土多批。大多数为西汉末以前的遗物，其中最早的为战国晚期。1954年，在湖南长沙左家公山发掘的一座战国晚期木椁墓葬中，出土了一批算筹——竹签"计40根，长短一致"，每根长12厘米"，这是目前发现的较早的算筹实物。另外，1986年，在甘肃天水市放马滩战国末期的墓葬中，与竹筒同出了一批算筹，总计有21枚，用竹条削成圆棒状，长20、直径0.3厘米。

图7 1973年长沙马王堆三号汉墓出土博具1盒，内有42根算筹（现藏于湖南省博物馆）

（二）展示载体多样

除了传统的图片、文字展板展示，还开发了数学原理实物化的展示模型，极大地丰富了展览形式。

图 8　牟合方盖原理实物化展示

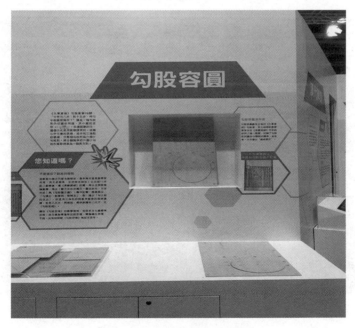

图 9　勾股容圆原理实物化展示

（三）展览互动密集

除了展示品，本次展览开发制作了大量同比例小型互动品，帮助观众实际操作、体验和验证数学原理。

图 10　观众互动体验九连环

图 11　观众互动体验隙积和垛积模型

二、活动的创新点

（一）深入挖掘古籍资源

此次展览以我国古代数学为主要内容，深入挖掘古籍内容，将其中可以进行展出的内容进行筛选、分析，结合展览的需要挑选数学古籍中最具有代表性和可展示性的内容制作展品、展板。

（二）提供体验式阅读

在展览中将古籍书影与实物展品共同陈列，利用立体的展品将书中二维的图像和抽象的数学概念进行了具体化的展示；利用可供动手体验的模型和游戏，使观众对书籍中描述的概念能够有直观的感受，并激发起继续探究的兴趣。

（三）突破阅读推广的单一化形式

阅读推广不应局限在用眼睛阅读印本书或电子书，应该结合现代化手段和多媒体方式，更多地调动其他感知器官。利用听觉、触觉、味觉等等方式，使读者感受到隐藏在书页上的更多信息，使读者对阅读内容更有兴趣。

本次古代数学展览利用现代化的布展手段使数学古籍重新进入普通读者的视线，使其生动地了解中国五千年科技发展历史中古人在数学研究和应用中的智慧和创造。该展广泛提升了广大香港市民对中华科技发明及创新发展的认知水平，增强了民族自豪感，提振了作为中华民族子孙的文化自信，更激励了广大市民投身创新的热情，取得了良好的科学普及传播效果。

☞专家点评

中国科学院文献情报中心基于自身丰富的科技文献资源及科学传播经验，联合北京师范大学策划的"中国古代数学展"深入挖掘了馆藏古籍中的数学古籍资源，让中国先人掌握的古代耀眼的数学公理再次绽放耀眼的光辉。为了将高深的知识更易为公众接受，展览将古籍书影与实物展品、模型及游戏对比陈列，实现了对比式、体验式、互动式阅读。它利用现代化手段和多媒体方式，突破单一化的展陈形式，能够更主动、更多方位地调动读者的听觉、触觉、味觉等等感官方式，带领读者去发现隐藏于书页之下丰富而宏大的信息内容，使数学古籍重新进入普通读者的视线，这一做法值得推广。

——首都图书馆副馆长、中国图书馆学会阅读推广委员会副主任、研究馆员　陈坚

"奇妙的图书馆"科普驿站

朱　斐（张家港市图书馆）

　　"奇妙的图书馆"科普驿站项目（以下简称"科普驿站"）是张家港市图书馆为促进大众科普工作开展而搭建的大型科普宣传活动平台。科普驿站以市图书馆为依托，利用图书馆特有的优势，通过开展各种各样的科普活动，推广普及先进的科学知识，提高科技创新普及能力，提升民众的科学涵养，为广大市民提供全面的科学服务。

一、科普驿站的成立背景

　　张家港市向来重视科学知识的普及，为推动科学社会的建设，针对不同年龄层次的人群开展相应的科普活动。2016年4月，为推广普及先进的科学知识，张家港市图书馆"奇妙的图书馆"科普驿站正式成立。自成立以来，该站紧紧围绕依靠张家港市科协的平台优势，2家高校科研教学人才优势，长期致力于科学知识普及推广。面向不同人群，组织开展了进学校、进村（社区）、进企业、进军营、进机关等分众分级科普活动。目前，该站有32家村（社区）图书馆驿站、2家大学科普驿站、1家未成年人科普驿站，有专兼职科普工作人员25名和大量学生科普志愿者。先后创建了"沧江市民大讲堂""图书馆在线""小精灵科普基地"等。2017年9月16日在江科大体育馆举行了以"创新驱动发展、科学破除愚昧"为主题的2017年全国科普日张家港市主场活动。启动式上举行了江苏省第28届青少年科技创新大赛的颁奖，同时也启动了"科普图书进驿站"主题活动，市科协牵手我市32家图书馆驿站，通过科普图书入驻的方式，向市民普及科学知识。

二、科普驿站的具体工作内容和做法

（一）整合图书馆资源，设立专属科普书架，实现资源集中化

1. 整合与科普相关的书籍、音像等相关资料，为市民提供便利

市图书馆将有关方面的书籍音像归类到专门设立的书架以及阅览室，按由浅入深顺序排列好，延长图书馆科普展览室的开馆时间，为广大市民提供便利。

2. 开展"科普日图书馆在线"活动

以数字图书馆为平台，积极向读者推荐科普主题在线学习资源，指导公众使用图书馆网站、图书馆 App、微信公众号等科技载体，在线免费获取和阅读科普展览、科普讲座、科普图书下载、科普活动等服务信息。

（二）针对不同人群，开展科普活动，拓宽科普活动的覆盖面

科普驿站针对不同年龄层的人群，开展了不同的活动，如科普宣传、科普知识竞赛、科普小达人体验活动以及读者沙龙活动等。

1. 面对青少年群体，开展科普小达人体验活动

图 1　组织开展少儿科普知识竞答活动

利用图书馆"少儿电子大世界"数据库，向来馆青少年介绍信息技术、航空航天、节能环保等知识；利用周六"快乐益读"活动，举办科普知识竞赛、环保手工制作等互动体验，引导广大青少年树立科学精神。引进科普体验系统，让市民亲身体验科技的神奇，激发他们对科学的兴趣。

2. 举办科普知识竞赛以及科普主题展览

市图书馆会定期举办科普知识竞赛，每次的主题都能做到覆盖不同层面的科学内容，通过知识竞赛的方式来向不同年龄段的读者普及科学知识，调动其学习和了解科学知识的积极性。同时在科普日期间，市图书馆还在一楼大厅举办了"保护生态环境，共建生态家园"展览，共展出18块展板、54张专题图片，集中向来馆读者宣传气候变化、植被破坏、水土流失，水源污染等对环境造成的危害。

3. 开展读者沙龙活动以及科技沙龙活动

市图书馆"益启读书会""周末生活课"读者沙龙活动结合科普宣传日主题，让读者通过交流生活中的科学新举措，感受创新生活的巨大变化，同时通过分享生活小窍门，宣传生活中的绿色理念。在2018年初市图书馆组织的科技沙龙活动中，我们邀请本市各行业的科技人才一起分享填报科技查新的经验，拉近了科技人员之间的距离。

图2 组织科普主题读者沙龙活动

图 3　2018 年科技沙龙活动

（三）积极配合全国科普日，开展科普活动进社区活动

1. 开展科普益民进社区行动，现场进行解答咨询等

开展科普益民进社区行动。2016 年 9 月 24 日，市图书馆"悦读先锋"文化志愿者走进杨舍老街，参与了"全国科普日"主场活动，开展"科普惠民进社区"志愿服务，向现场居民们发放了图书馆科技情报咨询、市民绿色环保、健康生活等方面的宣传资料 300 份，现场解答咨询 100 余人次。

2. 开展"创新创业"主题图书推荐，将科普驿站功能细分化

2016 年 9 月 17 日至 24 日，市图书馆在一楼综合借阅室开展了主题为"创新放飞梦想　科技引领未来"图书推荐活动，以专架形式向读者推荐创新、创业、科普类优秀图书 200 册，引导读者通过阅读好书，关注科技创新、关注万众创业。

图 4 "科普宣传周"创新创业好书推荐专柜

三、科普驿站的初步成效

在 2016 年召开的科技三会上，习近平总书记进一步强调，科技创新、科学普及是实现创新发展的两翼，要把科学普及放在与科技创新同等重要的位置。如今社会对科学技术的重视前所未有，越来越多的人和机构从事科普工作。张家港市图书馆的科普驿站自从 2016 年成立以来，第一年便认真贯彻《关于举办 2016 年全国科普日活动的通知》要求，精心部署，认真落实，紧紧围绕"创新放飞梦想　科技引领未来"主题，举办形式多样、贴近群众、贴近生活的科普宣传活动。并于第二年成功开展了"科普宣传周"的主题活动，并且围绕科普宣传周主题，积极开展了"科普好书"荐读、"指尖 e 读"数字阅读推广、"科普在线"知识问答、"科普社区行"文化志愿服务等活动，通过丰富的科普阅读体验活动，向市民普及科普知识；开展专题展览；编印《创新创业》《环保与生活》《健康养生良方》等宣传页、剪报，向读者们倡导绿色生活、环境保护、健康保健、种植养殖等方面的专题知识，积极向市民传播科学思想，弘扬科学精神。

实践证明，科普驿站自从成立以来，推动了我市科普工作的开展，提升了民众的科学涵养，提高了实际生活的能力，普及了科学知识，形成了全民爱科学的氛围。

四、科普驿站的工作展望

迄今为止，科普驿站的服务对象已经普及到全体市民。要想每个人都能真正享受到科技成果带来的益处，需要将科学普及到每一个人。虽然科普驿站的服务对象已经扩大到全体市民，但是普及力度仍需要增大。接下来科普驿站的科普工作将做到以下几点改善和创新：

1.联合市内的其他机构，整合科普资源，实现资源共享。科普工作是一项大工程，要贯彻深入到人心，必须集合全市科普资源。

2.将科普驿站的功能细分，针对不同人群的不同情况，将科普驿站分为初步了解、熟悉、精通三个区域，满足不同层次人群的科学需要。

3.在多样化的基础上，追求科普活动特色化。举办不同形式、不同内容的活动，不同活动之间应该互相区别，力求打造深入人心的特色系列活动。

4.利用新媒体技术，将新兴的交互以及VR虚拟现实技术与科普工作结合起来，利用新技术让广大市民体验到科学技术的魅力，紧随时代脚步，将科普工作从全民了解到全民精通。

☞专家点评

张家港市图书馆"科普驿站"项目利用张家港市的图书馆总分馆体系和网格化管理优势，在总馆、32所分馆，以及企业、学校、军营、社区、乡村，以科普为目的，以阅读推广活动为载体，针对和覆盖了不同人群，举办了讲座、展览、沙龙、主题活动等多种活动，线上线下相结合，内容丰富，生动有趣。该项目充分利用馆藏文献资源，既把馆藏文献作为"科普驿站"的资源支撑，又通过项目向市民推介了科普馆藏文献，把阅读推广和科学普及有机结合起来，取得了良好的效果，受到了当地民众的欢迎。从"科普驿站"项目的设计、组织以及效果来看，"科普驿站"项目体现了图书馆阅读推广活动的专业化和均等化特征，是一个比较优秀的、可持续开展的图书馆阅读推广案例，值得各图书馆借鉴。

——苏州图书馆原馆长、中国图书馆学会阅读推广委员会副主任　邱冠华

深圳市宝安区图书馆"创想汇"
系列阅读推广活动

颜湘原（深圳市宝安区图书馆）

一、项目简介

深圳市宝安区图书馆针对未成年人在单纯的阅读推广活动中较难深刻获取信息的问题，开拓新的阅读推广形式，丰富阅读推广内容，制定详细的阅读推广计划，与社会教育机构合作开展"创想汇"系列科普阅读推广活动。本活动分四个阶段进行，环环相扣，循序递进。活动中读者不仅学习到相应的科普知识，还能把科普图书中的知识用起来，完成具有个人特色的作品。

二、活动背景

公共图书馆是以阅读为中心的公益性文化服务机构，是广大市民终身学习的基地，是阅读推广的一支核心力量。我馆于 2016 年底获得"宝安区科普教育基地"的荣誉称号。我们认为，围绕科普专题开展阅读推广活动，弘扬科学精神，传播科普文化，是一项义不容辞的社会责任。

随着阅读推广活动如火如荼的开展，我们意识到，阅读推广活动仍存在诸多不足和问题，比如阅读推广形式呆板、阅读与思考分离、推广主题单调乏味等。低龄读者在单纯的阅读推广活动中很难有效地获取信息，这正是我们需不断创新拓展的服务领域。为此，我馆设立科普类图书推荐专架，营造积极向上的科普阅读氛围。同时，设立"创想汇"科普活动品牌，在科普图书专架中选取不同主题的图书，面向未成年人，与社会教育机构合作开展"创想汇"系列科普阅读推广活动，分别是 VR 阅读新体验活动、创意编程公开课活动、3D 打印 DIY 活动。

三、活动流程

活动共分四个阶段，环环相扣，循序递进，在阅读中思考，在思考中实践。

（一）选书阶段：围绕"创想汇"系列的三个活动：VR阅读新体验活动、创意编程公开课活动、3D打印DIY培训活动，经过多次筛选，最终确定了三类科普图书，共23本。

（二）预热阶段：为了让读者有更多时间了解每场活动的图书内容，提高活动现场的积极性，我馆提前号召对活动感兴趣的读者提前至科普图书推荐专架借阅相应的科普图书。除此之外，我馆工作人员通过网站、微信公众号、微博、海报、电子屏等多种渠道，提前进行本次阅读推广活动的宣传工作。

（三）活动阶段：活动与多个社会教育机构合作，由我馆工作人员和专业导师共同组织。其中VR阅读新体验活动采取先阅读再体验的活动形式；3D打印DIY活动和创意编程公开课活动采取"阅读分享＋实践应用"的活动形式。

（四）竞赛阶段："创想汇"系列中的3D打印DIY活动广泛征集读者3D打印DIY作品，鼓励读者积极自由创作，并于年底举办"3D映象"读者作品评选活动。"创想汇"系列中的创意编程公开课活动期间，积极辅导读者完成具有个人特色的编程作品，并鼓励了3—5名零基础的读者报名参加由深圳市科学技术协会主办的"编玩边学杯"全国青少年Scratch创意编程大赛。

四、活动开展过程

我馆从2017年6月起开展"创想汇"系列科普阅读推广活动，并为活动的顺利开展做了大量准备工作。设立科普类图书专架，为满足读者各方面的需求采购种类多样的科普类图书，如生物技术类、新兴科技类、计算机编程类、生活百科类等，营造科普阅读氛围。我馆根据"创想汇"系列活动的内容，针对性地选取了23本科普图书，如：《我的第一本3D打印书》《太空穿越》《探秘海洋世界》《Scratch少儿趣味编程2》等。读者可前往各楼层的自助借还书机办理外借服务，提前了解活动书籍的内容。我馆工作人员根据不同的活动主题设计印发活动海报，每月提前在官网、微信公众号、微博等多个平台发布活动预告，并通过海报、电子屏、读者活动QQ群等进行相关阅读推广的宣传工作。

本系列活动是和社会教育机构合作开展的，其中VR阅读新体验活动采取

"先阅读再体验"的活动形式，先举行科普图书的阅读分享交流会并由嘉宾导师讲解 VR 技术小知识，再通过 VR 一体机设备现场体验 VR 阅读。读者不仅能在活动中获得相关的科普知识，还能感受新型的阅读方式。3D 打印 DIY 活动和创意编程公开课活动分为"阅读分享 + 动手实践"两个部分。组织现场活动的有我馆工作人员和社会机构的专业导师。活动通过 ppt 讲解、图书导读、趣味问答等多种方式分享科普知识，激发读者的活动兴趣，再由嘉宾导师引导读者使用 3D 打印笔和 Scratch 编程软件，将科普图书中的理论知识实际运用起来，带动大家完成自己独一无二的作品。

通过"创想汇"系列科普阅读推广活动，读者不仅能在活动中感受 VR 技术带来的奇妙阅读体验和了解 3D 打印与编程的原理，也能在活动过程中把科普知识真正用起来，实现阅读推广的更大作用！

在最后的竞赛阶段中，读者踊跃提交个人 3D 打印作品，参加年底的"VR 阅读·3D 映象"读者作品评选比赛。我们从读者提交的大量作品中筛选出 60件作品参评，由特邀专家评委参照评分指标，从建模、创意、分层、后期 4 个方面综合评选选出 20 件优秀作品，由馆领导颁发荣誉证书以资鼓励，然后将评选出来的优秀作品在我馆三楼创客 e 家展览。从 6 月至 12 月，我馆共开展21 场"创想汇"系列活动，参加人数约 610 人，收到自媒体报道约 20 篇，活动官网总点击量达到 10743 次。

图 1　VR 阅读新体验活动阅读分享现场

图 2　创意编程公开课活动照　　　　图 3　3D 打印 DIY 活动照

图 4　"3D 映象"读者优秀作品颁奖礼

五、活动经验分享

（一）知识与实践结合，把科普知识更大化

阅读的作用是多方面的，但最本质的是从历代积累的和最新产生的阅读资源中获取信息，从而使每一位参与阅读的读者得以增进知识、提升智慧。在过往的阅读推广活动中，我们发现，单纯的科普阅读很难令未成年人产生深刻的记忆和影响，因为未成年人少有机会去接触应用相关的科普知识，难以从阅读资源中获取最大的信息。这也要求我们要不断地创新拓展。在"创想汇"系列科普阅读推广活动中，我们积极引导读者将阅读与思考相结合，并取得一定的成效，把科普图书中的知识更大化。

（二）注重活动内容的多样性，满足不同读者的需求

"创想汇"系列共有3种不同类型的科普活动，分别是VR阅读新体验活动、3D打印DIY活动和创意编程公开课活动。每种活动均有不同的科普主题，对于读者而言便有了一个明确的选择指向，读者可根据个人的兴趣爱好选择相应的科普活动。孩子们在参加活动的过程中也常常遇到志同道合的小伙伴，在活动中主动交流讨论，大大提高了活动的积极性。

（三）定位清晰，明确阅读推广的对象

阅读推广对象是指阅读推广的目标群体。不同人群的阅读特点存在很大的差异，我们在做阅读推广活动时有必要清楚地了解不同人群的阅读特点，以便有针对性地开展阅读活动。低龄读者普遍存在着认知水平和阅读能力方面的问题，如阅读兴趣较低、注意力不集中、理解能力不足等。一般而言，当一个人在居住地的图书馆及书店不能很容易地借到一本书，或在网络上不能轻松地打开或下载一本书，那么就很有可能放弃阅读这本书。因此选择合适的科普读物和采取有趣的活动形式对于整个阅读推广活动的质量有着极大的影响。在"创想汇"系列活动中，我们挑选了画面丰富、色彩鲜明、内容基础的科普图书，在宣传海报上增加趣味卡通的元素以抓住孩子们的注意力。除此之外，我们还加入了动手实践的环节，选取了少年儿童能够适应的VR设备、3D打印笔和编程内容。

（四）合作共赢，与社会教育机构合作开展

不同社会力量有自己独特的社会职能、活动特色、专门对象和资源拥有情况，每一种社会力量都可能成为重要而独特的阅读推广力量。本活动从策划到开展一直和多个社会教育机构紧密合作，由我馆提供活动场地、前期的准备宣传工作及导读工作，社会教育机构则负责推荐相关的主题科普图书，并在每场活动过程中安排专业导师指导实践操作。图书馆与社会教育机构紧密配合，利用各自的资源优势，使活动顺利开展，取得更好的阅读推广效果。

图 5 "创想汇"科普阅读推广活动所用图书

附录：深圳市宝安区图书馆 2017 年"创想汇"系列科普阅读推广活动完成情况表

表 1 "创想汇"之 VR 阅读新体验活动

时　间	地　点	主题科普读物	使用设备	嘉宾导师	活动人数
6 月 3 日	总馆三楼创客 e 家	《海天霸主》 《超级恐龙》 《恐龙角斗场》	VR 一体机	吴丽娟	40
6 月 24 日	总馆三楼创客 e 家	《太空穿越》	VR 一体机	吴丽娟	38
7 月 22 日	总馆三楼创客 e 家	《探秘海洋世界》 《探秘地球世界》 《探秘沙漠世界》	VR 一体机	吴丽娟	40
8 月 26 日	总馆三楼创客 e 家	VR 科普讲座	VR 一体机	吴丽娟	25
9 月 23 日	总馆三楼创客 e 家	《探秘交通世界》 《探秘动物世界》 《探秘太空世界》	VR 一体机	吴丽娟	28

续表

时 间	地 点	主题科普读物	使用设备	嘉宾导师	活动人数
10月29日	总馆三楼创客e家	《探秘北极》《探秘南极》《探秘武器》	VR一体机	吴丽娟	31
11月26日	总馆三楼创客e家	《探秘鸟类》《探秘农庄》《探秘飞行世界》	VR一体机	吴丽娟	25
12月10日	总馆三楼创客e家	"VR阅读·3D映像"读者作品颁奖礼开幕式	VR一体机	吴丽娟	65

表2 "创想汇"之3D打印DIY活动

时 间	地 点	主 题	使用设备	科普图书	活动人数
7月26日	总馆三楼创客e家	多彩花朵	低温3D打印笔	《我的第一本3D打印书》	16
8月9日	总馆三楼创客e家	酷跑单车	低温3D打印笔	《3D打印基础教程》	16
8月23日	总馆三楼创客e家	绚丽小风车	低温3D打印笔	《3D打印基础教程》	16
9月17日	总馆三楼创客e家	创意小提琴	低温3D打印笔	《爱上3D打印》	16
10月21日	总馆三楼创客e家	海绵宝宝	低温3D打印笔	《爱上3D打印》	16
11月12日	总馆三楼创客e家	小小工程车	低温3D打印笔	《3D打印梦想与现实之间》	16
12月16日	总馆三楼创客e家	孔雀开屏	低温3D打印笔	《3D打印梦想与现实之间》	16

表3 "创想汇"之创意编程公开课

时 间	地点	主题	使用设备	科普图书	嘉宾导师	活动人数
8月29日	总馆负一楼培训室5	大战苦力怕	电脑	《趣味创意编程》	倪辰飞	30
9月10日	总馆负一楼培训室5	水果钢琴	电脑	《趣味创意编程》	倪辰飞	30

续表

时　　间	地点	主题	使用设备	科普图书	嘉宾导师	活动人数
11 月 11 日	总馆负一楼培训室 5	疯狂足球	电脑	《Scratch 少儿趣味编程 2》	倪辰飞	22
11 月 18 日	总馆负一楼培训室 5	超级英雄	电脑	《Scratch 少儿趣味编程 2》	倪辰飞	44
12 月 10 日	总馆负一楼培训室 5	欢乐打地鼠	电脑	《趣学 Scratch：教孩子学编程》	倪辰飞	40
12 月 17 日	总馆负一楼培训室 5	迷城寻宝	电脑	《趣学 Scratch：教孩子学编程》	倪辰飞	40

☞ **专家点评**

　　深圳市宝安区图书馆"创想汇"科普阅读推广活动主要组织开展了 VR 阅读新体验活动、创意编程公开课活动、3D 打印 DIY 活动等。这一系列活动以未成年人为推广对象，以新技术体验为推广手段，推广活动组织有序，过程合理规范，活动目标达成，是公共图书馆开展科普阅读推广活动的一个成功案例。

　　"创想汇"的尝试与探索为公共图书馆开展科普阅读推广贡献了宝贵的经验，这些经验包括：明确的推广对象、丰富的推广内容、知识与实践的结合以及寻求与其他专业社会教育机构的合作。这些经验将为其他图书馆组织开展阅读推广活动提供有益的参考。

——东莞职业技术学院图书馆副馆长、副研究馆员　俞传正

广州图书馆青少年科普阅读推广活动

冼伟红　刘　璐（广州图书馆）

广州图书馆全面贯彻落实《中华人民共和国科普法》《全民科学素质行动计划纲要》，紧密结合读者服务工作，锐意创新，不断拓展科普工作形式，努力营造学科学、爱科学、讲科学的良好氛围，积极致力于普及科学知识、倡导科学方法、传播科学思想、弘扬科学精神，提高公众科学文化素质。广州图书馆 2006 年获市政府授予的"广州市科学技术普及基地"称号，获市精神文明建设委员会授予的"广州市未成年人校外素质教育基地"称号；2011 年获省委宣传部、省社科联授予的"广东省人文社会科学普及基地"称号；2012 年获广州市科学技术协会、中共广州市委组织部等单位授予的"广州市《全民科学素质行动计划纲要》实施工作先进集体"称号，荣获中国图书馆学会"在科学世界里畅游"——青少年科普阅读系列活动最佳组织奖。

广州图书馆作为市科普基地，一直以来以本馆科普资源为平台，最大限度地发挥图书馆馆藏资源优势和科技教育优势，不断拓展工作思路。儿童与青少年部作为广州图书馆科普工作主要落实部门及服务阵地，其阅览场地面积 3150 平方米，阅览座位 450 个，科普类藏书占总馆藏 21.2% 以上，免费为未成年人提供书刊借阅服务，在对未成年人普及科学文化知识、加强科技教育方面扮演着重要角色。同时，根据儿童与青少年对科普知识的需求，该部开展内容丰富、贴近实际、贴近生活、贴近群众、公众喜闻乐见的特色科普活动，提高青少年科学素质，打造"阅创空间·我是科普小达人""阅创空间·小小创客""身边的科学科普系列讲座"等品牌活动。2017 年共举办各类科普推广活动 126 场次，参加人数达 106159 人次，深受市民喜爱。

一、科普推广形式多样化，受众面广

广州图书馆儿童与青少年部的科普推广活动人群覆盖面广，涵盖 3—18 岁各年龄段的儿童与青少年，部分活动甚至普及至成人。针对不同年龄段的群体，开展的活动形式亦有所不同。主要活动形式包括：

（一）展板展示宣传

开设科普主题书架，向未成年人推荐优秀科普图书。制作编辑推荐书目宣传单、PPT，配合科普主题设置专题书架专栏，并加入创意摆设。推出科普图书专题推荐，每月一期，每期一主题。2017 年推出数学、空中居民的奇闻趣事、Bigbang 宇宙、水果、建筑、历史、生物科学、STEAM 等 12 个主题。

（二）特色主题活动

"阅创空间·我是科普小达人"为广州图书馆的科普品牌活动。活动依托本馆科普资源，以推广未成年人科普资源为目的，每月开展内容丰富、贴近生活、公众喜闻乐见的特色科普活动项目，旨在丰富未成年人的科普知识，拓展科普视野，提高科学素质。活动的主题涉及面广泛，包括环保、地理、化学、气候、天文、建筑、安全教育、生物等，形式包括专题小讲座、科技手工制作、科学实验展示、科普游戏、手工书 DIY 等。

近年来，人工智能（AI）已深入社会生活的各个领域。人工智能的研究内容与应用领域之广，决定了人工智能将在各个工作领域得到大展拳脚的机会，是未来社会发展的趋势。顺应时代发展潮流，广州图书馆在科普资源区域设置儿童与青少年创客空间，并相应推出"阅创空间·小小创客"系列活动。丰富多样的创客活动融科学、艺术、阅读、创意、手工于一体，包括 Scratch 创意儿童编程、3D 打印工坊、Arduino 智能硬件编程和创意积木拼搭等。除开展主题活动外，"阅创空间·小小创客"还推出体验活动和冬 / 夏令营活动，利用已有空间和阅览桌椅，配备电脑、创客套件、各类 DIY 创客工具、3D 打印机等，鼓励青少年团体或个人交流、商讨并进行创意设计。

图1　小朋友在广州图书馆儿童与青少年创客空间学习创意编程

（三）专题科普展览

引进新型互动展品——科普大篷车，与广州市科普中心联合举办科普大篷车青少年科普展品体验展览。科普大篷车是装载科普展品、科普资料、科普展览、放映科普影片等活动内容的多功能流动科普宣传设施，车载展品具有很强的参与性、互动性，故被形象地称为"流动的科技馆"。广州图书馆长期在馆内摆设科普大篷车设备，寓教于乐，满足了未成年人边玩边学的愿望。

图2　在广州图书馆负一层大堂举行的科普大篷车互动展览

举办 3D 立体图书体验科普展览，通过引入科普电子借阅机设备及特殊制作的 3D 科普图书展示墙，让读者可以拿手机、PAD 等设备自行扫描观看 3D 科普图书。以新颖独特方式，多维的感官刺激，激发未成年人对科学的兴趣，让书上的角色真正跃然纸上，吸引小朋友广泛阅读科普图书。

图 3　3D 立体图书体验科普展览，小读者们正在通过平板电脑阅读 3D 科普图书

（四）科普宣传讲座

为了向更多的读者推荐科普资源，宣传科学，普及科学，我们每年都会开展大型科普讲座。2017 年，举办"身边的科学"科普系列讲座 5 场，参与人次达 1700 人次。其中 2017 年 2 月举办"给孩子一个健康童年——儿童春季呼吸系统常见疾病的正确护理"专题讲座，邀请国内著名儿科专家邓力教授为大家解读春季儿童多发病预防和正确护理；3 月举办"寻找天上的星星——亲子天文知识"专题讲座，帮助家庭学习天文的基础知识，让儿童外出懂得辨认星空；6 月举办"日食、极光：科技与大自然的和谐之美"讲座，袁凤芳老师和大家分享北欧日食，畅游西藏星空，探索极光之旅；同月，举办"儿童建筑，引领想象与创造的儿童乐园"讲座，讲解专门为儿童打造的建筑背后隐藏着什么奇妙的构思；12 月举办"自信微笑，从齿开始"讲座，带领儿童了解口腔护理知识。

（五）大型科普活动

2017年5月"科技活动周"和"全国科普日"等大型活动期间，面向小读者开展形式多样的科普教育活动，推动未成年人科学素质教育。每年定期举办科技活动周和全国科普日系列活动，并把科普周活动和国内外重大时事有机结合起来，举办天河区科普讲解员大赛、天河区科普宣传周启动仪式、科普大篷车进广图等大型科普活动。2017年，广州图书馆联合广州市科学技术普及中心、从化大岭村开展"科普进山区　科普进农村"科普周主题活动，把广州图书馆的科普活动带进广州市从化区大岭村，让广大村民和孩子足不出户也能够参与精彩缤纷的特色科普活动，活动人次达600人，捐赠科普期刊480册。

图4　在大岭村举办的科普进农村活动，广州图书馆将480册科普期刊交到村民手中

（六）大型科普比赛

2017年，在广州市科技创新委员会的指导下，广州图书馆、广州市青少年科技教育协会、广州市天河区科技工业和信息化局、广州市天河区科学技术协会共同开展"一起创"2017年创客大赛，以"全民创客、共建未来"为宗旨，通过竞赛形式鼓励大众从"一起想""一起学"到"一起造"。大赛根据参赛对象的特点，设有"新人"和"创客"两个级别。其中，新人级按年龄分为亲子组、少儿组、青少年组，创客级分为青少年组、成人组。

图5 2017年创客大赛现场，小朋友们搭建机器人

二、实施主体社会化参与程度高，共建长效合作机制

科普活动的开展不再是图书馆一家孤军奋战，已有越来越多的社会主体参与到科普活动中，建立起共同参与的长效合作机制。

（一）大学生科普志愿者

广州图书馆与省内多家高校的志愿者团体合作，共同开展相应的科普活动。如与华南理工大学建筑学院的大学生志愿者合作，围绕"建筑"主题，通过科普情景剧、讲座、展览、视频、制作模型、有奖问答等形式让青少年从多方面了解建筑的世界；与广东第二师范学院的志愿者团体合作，为低幼儿童开展科普绘本赏读等活动。

（二）政府机构

联合多家政府机构，共同开展科普阅读的推广。如与广州市科普中心联合举办科普大篷车青少年科普展品体验展览，联合广州市科学技术普及中心在"科技活动周"和"全国科普日"等期间开展形式多样的科普教育活动等。

（三）社会教育机构

整合利用社会资源，鼓励社会教育机构与图书馆合作开展不同形式的科普活动。如与魔法图书馆合作，开展编程一小时活动；与星空漫游天文科学俱乐部合作，开展天文知识小讲座等。

三、社会反响

各类科普推广活动通过广州图书馆微信和微博平台、广州图书馆馆内资料投放、其他媒体支持等线上线下渠道进行宣传推广，社会反响热烈。据不完全统计，2017 年在广州图书馆平台以及《广东科技报》、新华网、南方网等多家媒体，合计发布宣传稿件近 50 篇，累计阅读量约 72000 次。从参与活动的家长反馈的信息来看，科普活动的开展确实取得不错的成效。参加活动的家长认为图书馆开展这么有意义的活动，对提高孩子的科学素养、增强孩子的科普知识非常有帮助。

四、反思与总结

广州图书馆科普阅读推广活动主题丰富，参与人次众多，在实践中不断总结经验，改进不足之处。同时，科普阅读推广任重道远，必须长期坚持下去才能看得到成果。在活动开展中，应做到：

1. 持续的科普阅读推广活动使小读者到图书馆成为一种自觉的、自愿的主动行为。在推广科普过程中，以丰富的馆藏图书作为阅读基础，推荐优秀科普图书信息，开展多种形式的亲子科普活动，更有专业的导读人员进行阅读及活动指导，并邀请专家、学者举行报告会，探讨科普图书阅读的方法，提供服务与指导。

2. 加强科普阅读推广与知识传播。还应继续广泛开展科普阅读推广活动，形成崇尚科学的良好氛围；积极发挥知识传播功能，举办多主题的知识讲座。

3. 活动必须结合多渠道的宣传。通过图书馆网站、微博、微信、新闻媒体、宣传单等方式进行多渠道、多角度的宣传活动，扩大社会影响，提升公众知晓率。

4. 加强保障。通过加强人力资源、设备设施等保障，不断拓展服务领域、方式和手段，努力打造服务品牌。

☞ **专家点评**

广州图书馆将科普图书推荐、讲座、比赛、游戏、课程、展览、体验等结合起来，其科普阅读推广活动开展得丰富多彩、形式多样。活动的成功之处还在于：实施主体社会化参与程度高、线上线下联合推广，并且走进山区和农村。不足之处是案例写作没有紧扣主题和重点活动，而是囊括了该馆几乎所有日常的科普工作。

——国家图书馆出版社图书馆学编辑室主任、编审　邓咏秋

宁波市图书馆"大山雀自然学堂"活动

刘　燕　彭　佳（宁波市图书馆）

一、活动背景与简介

博物学在中西方都有久远的历史。《诗经》里面的很多诗歌来自民间，那些"草根诗人"对于身边的动植物的描述与吟唱，本身就是很好的博物观察内容。19世纪，西方的博物学发展最为光彩夺目，无数博物学家来到世界各地进行探险，采集、描述了大量动植物标本，撰写了大量著作。随着现代科技的飞速发展，博物学作为一门学科有所衰落。但是，急剧加快的城市化进程也催生了更多人对回归乡土、亲近自然的渴望，越来越多的人希望能在业余时间离开钢筋水泥的都市森林，去乡野之间享受蓝天，欣赏野花，听听鸟鸣与蛙声。

最近几年，自然教育在国内迅速流行起来，上海、深圳等城市的多位作者都出版了类似的以"自然笔记""观鸟笔记"等为主题的书。越来越多的普通人通过旅行、摄影等方式，更为深入地了解大自然。

在这样的背景下，宁波市图书馆于2016年6月适时推出"大山雀自然学堂"，每月一期，通过对自然界、身边的动植物的观察和认识来引导家庭开展阅读。其目的，是为了满足读者对了解大自然与博物学的渴望，以寓教于乐、生动活泼的形式，带动大家去阅读博物学书籍，乃至与之相关的自然文学与古典文学。同时，由于探索大自然的活动深受孩子们欢迎，因此年轻的父母也会有很高的积极性与儿女一起读书，一起学习关于大自然的知识。

二、活动主题与形式

（一）"学堂"基本形式

"大山雀自然学堂"每月一期，每期"学堂"都会事先确定一个主题，并通过图书馆的微信公众号发布，读者可通过公众号进行报名。"学堂"活动时间一般在周末，除了讲座之外，还会不定期地组织户外亲子自然观察活动。

"学堂"的主讲人张海华，网名"大山雀"，是本地知名自然摄影师、自然教育的实践者，多年来倡导亲子博物旅行，注重对乡土的自然观察，引导公众了解乡土、热爱乡土。同时，作为一名自然文学创作者，他研究《诗经》等经典文学，把经典阅读同对自然界的兴趣爱好结合起来，在《宁波晚报》副刊上开设"大山雀的博物旅行"专栏，分享自己的自然观察与博物旅行故事和研究成果。

图书馆在组织的室内沙龙、户外观察活动中，积极向参与的家庭推荐自然方面的书籍，如《诗经选》《博物人生》《塞尔伯恩博物志》《自然是最好的老师》《林间最后的小孩——拯救自然缺失症儿童》《笔记大自然》《飞鸟记》《中国鸟类野外手册》《常见昆虫野外识别手册》《浙江野花300种精选图谱》等。

图1　"大山雀自然学堂"活动受到读者的欢迎

（二）活动主题

"学堂"每期主题始终围绕以自然观察带动家庭对大自然和阅读科普书籍的兴趣，取得了良好的效果。

表1 "大山雀学堂"1—21期简介

时 间	主 题	主要内容	主要形式
2016年6月（第一期）	博物旅行，从身边开始	宁波山海相依的地理形势，使得良好的生物多样性成为可能。对乡土的持续关注，更符合博物学的精神，因此，博物旅行请从身边开始。	讲座、互动、视频
2016年7月（第二期）	认识宁波常见夏候鸟	为大家介绍宁波常见的几十种夏候鸟的分类与辨认方法，同时也通过照片与视频，展示许多鸟类世界的生动场景。	
2016年8月（第三期）	带孩子去博物旅行	主讲人结合自己带女儿去博物旅行，以及多次带孩子们进行自然观察的经验，给大家介绍亲子博物旅行的方式与意义，并建议在博物旅行中加强读书学习，在读书过程中不断地旅行，尽量做到"知行合一"。	讲座、互动、视频
2016年9月（第四期）	鸟类世界的爱恨情仇	聚焦鸟类"感情生活"的隐秘世界，讲述"白额燕鸥的爱情故事""东方大苇莺家庭的劫后余生"等故事。	
户外活动	慈湖踏青（1次）	老师一边教大家认识各类花草，一边给大家解读《诗经》，认识在诗经中出现的动植物并介绍其生态，结束时向读者推荐品读《诗经》《诗经名物图解》等。	户外观察活动
户外活动	夜探自然（3次）	组织大家到日湖公园、郊外一起探索、观察在夜间出没的蛙类、昆虫等。	户外观察活动
2016年10月（第五期）	迁徙的鸟儿	主讲人从外出拍摄时偶遇无数鹭鸟迁徙路过东钱湖的场景说起，提及往年在海边拍摄水鸟迁徙的场面，直观展示了鸟儿迁徙高峰的壮观景象。	讲座、互动、视频
2016年11月（第六期）	青蛙的隐秘世界	介绍了宁波目前已知的25种蛙类的大致情况，还介绍了不同蛙类的繁殖方式。	讲座、互动、视频

时　间	主　题	主要内容	主要形式
2016 年 12 月（第七期）	雎鸠是什么鸟	把《诗经·关雎》这首诗作为谜面，从谜面分析可知：一、这鸟应该是分布在周南一带；二、黄河中的沙洲适合它栖息，附近有荇菜生长；三、鸟叫声音同"关关"；四，其叫声能让人产生求偶的联想。	讲座、互动、视频
2017 年 1 月（第八期）	"飞"在诗经里的宁波鸟类	通过《诗经》中的诗句与鸟儿的照片，介绍鸟儿的大名、它们的生活习性和分布的地域特点。	讲座、互动、视频
2017 年 2 月（第九期）	二月山野踏春行	为大小读者们介绍宁波早春时节最具代表性的动植物，推荐几处非常适合"博物踏春"的地点，希望大家在闲暇之时，跟随春天的步伐，领略二月之美。	讲座、互动、视频
2017 年 3 月（第十期）	鸟类的亲情	讲述鸟类的亲情故事和春季观鸟的注意事项等内容。	讲座、互动、视频
2017 年 4 月（第十一期）	救助身边的野生动物	为大家讲述实际的救助故事，还为大家分享救助小动物的科学方法。	讲座、互动、视频
2017 年 5 月（第十二期）	初夏博物之旅	介绍宁波在这个时节能看到的鸟类、昆虫、青蛙、野花等，带大家进入一个多姿多彩的原生世界。	讲座、互动、视频
2017 年 6 月（第十三期）	陪着孩子去荒野	探讨当代年轻父母的责任（尤其是父亲的责任）与自然之关系的问题。	讲座、互动、视频
2017 年 7 月（第十四期）	聊聊自然与文艺	从中国古典文学的诗歌与自然的关系说起，着重介绍一些著名诗词作品中体现的博物学。	讲座、互动、视频
2017 年 8 月（第十五期）	自然教育与孩子成长	分享自己在自然教育方面的心得以及国内专家的观点，与大家探讨如何在宁波更好地开展自然教育，让孩子们在亲近自然的同时，更好地成长。	讲座、互动、视频
2017 年 9 月（第十六期）	九月鹰飞	为大家介绍宁波的各种猛禽的故事，包括白天活动的鹰、隼、雕等，也包括晚上活动的猫头鹰。	讲座、互动、视频
2017 年 10 月（第十七期）	秋天的博物旅行	为大家介绍迁徙的鸟类，还有山中的野花、蝴蝶等。不仅如此，还将和大家一起从博物学的角度解读、欣赏古诗。	讲座、互动、视频

续表

时　间	主　题	主要内容	主要形式
2017 年 11 月（第十八期）	《宁波野鸟传奇》的幕后故事	为大家讲述写作《宁波野鸟传奇》的幕后故事。	讲座、互动、视频
2017 年 12 月（第十九期）	亲子陪伴与教育	通过自己的亲身经历，与大家分享在亲子教育中的切身体会，一起探寻通过自然体验的方式，陪伴孩子快乐成长，增进亲子间的感情。	讲座、互动、视频
2018 年 1 月（第二十期）	一个城中湖的"鸟类志"	为什么一个城中湖能吸引这些鸟？它们的特性有哪些？在城市建设中，我们能否采取有效的措施，让人与自然变得更为和谐？	讲座、互动、视频
2018 年 2 月（第二十一期）	早春博物之旅	介绍宁波早春的常见鸟类、野花以及蛙类。在温暖的室内蛰伏了一冬的我们，是不是也该多到大自然中去走走呢？	讲座、互动、视频

三、活动特色

（一）主题接地气，读者参与度高

亲子自然观察活动在国内外正迅速成为一种人们喜闻乐见的时尚，在扩充知识、享受文化行走乐趣的同时，有助于改善家庭成员相处的关系，增进亲子情感。宁波市图书馆选择以自然教育和自然文学、经典文学作品为切入点，主题接地气，贴近家乡，贴近时节，以讲座、影像、户外活动等形式，让孩子和家长共同参与、共同成长。

自 2016 年 6 月至今，"大山雀自然学堂"已经开展了 20 余期。第一期的主题是"博物旅行，从身边开始"。主讲人张海华说，对乡土的持续关注，更符合博物学的精神，因此，博物旅行请从身边开始！宁波山海相依的地理形势，使得良好的生物多样性成为可能。虽然物种的丰富与珍稀程度，无法与国内外不少知名的地区相提并论，但是每个地方都有自己的特色，好好探索本地的"生态秘境"，同样是非常有意义的事情。

如 2016 年 7 月举行的第二期的主题是"认识宁波常见夏候鸟"，时值盛夏，这一主题十分应景。为大家介绍了宁波常见的几十种夏候鸟的分类与辨认方法，同时也通过照片与视频，为大家展示了鸟类世界的许多生动场景。在演讲时，张海华并不是一味地自己讲，而是不时地通过提问的形式，与在场的孩子们及其父母开展互动，及时对积极参与互动的孩子进行鼓励与表扬，因此那天的沙龙现场气氛特别活跃，孩子们争相举手发言。

图 2 "大山雀自然学堂"活动第一期海报

考虑到报名的读者以父母带孩子为主，因此8月份的第三期沙龙的主题定为"带孩子去博物旅行"。张海华结合自己带女儿去博物旅行，以及多次带孩子们进行自然观察的经验，给大家介绍了亲子博物旅行的方式与意义；并建议大家在博物旅行中加强读书学习，在读书过程中不断地旅行，尽量做到"知行合一"。这样的话，父母可以一路陪伴孩子读书旅行，非常有益于增进父母与孩子之间的沟通，使亲情更温暖，让阅读更有氛围。

从已经进行的二十余期活动来看，读者反响都非常好。每次沙龙结束后，都会有不少家长围住活动嘉宾，咨询关于博物学及活动等方面问题，并表示有机会的话要积极参加图书馆举办的自然观察活动。

图3 "大山雀自然学堂"户外活动：慈湖公园观察植物

（二）活动与科普阅读相结合

在讲座、户外活动时，主讲老师注重与经典图书相结合，将《诗经》等读物中出现的动植物与观察活动相结合；向家长征集参加过夜探、观鸟等活动的孩子们的作品如作文、绘画等，并在沙龙演讲时逐一展示、点评；在活动结束后，通常会推荐与主题相关的自然教育读本。2017年11月，张海华老师出版《云中的风铃——宁波野鸟传奇》一书，这是一本关于宁波本地鸟类的科普著作，也是一部自然文学作品，以散文形式讲述鸟儿的故事，还有"鸟人"趣事（喜欢拍鸟的人常被称为"鸟人"），乃至鸟与古诗的故事，生动地展现 60 多个科 300 多种鸟儿的容颜。活动时主讲老师结合此书进行介绍，激发读者阅读科普读物的兴趣，激发孩子们的求知欲，让孩子们在大自然与书本的共同熏陶下健康快乐地成长。

四、活动的未来发展设想

活动前后已运行一年半，受到社会的广泛欢迎，学堂的课程设置由浅入深，循序渐进，本着"培养兴趣，轻松阅读"的理念，对未来的发展设想如下：

在讲解鸟类、两栖动物、野花、昆虫等博物知识基础上，拓展更多的趣味主题，逐步增加文学专题，如推介自然文学优秀作品、深度解读《诗经》中的鸟类、植物等。

把活动的"室内版"与"户外版"更好地结合起来，选择合适的地点，在开展户外自然观察的同时，留出一部分时间进行有关博物学或自然文学、古典文学的亲子阅读，进行现场讲解与点评。

组织以家庭为单位的自然创作比赛，展现形式包括作文、绘画或手工制作、演讲等。

除"大山雀"本人主讲外，邀请家庭报名共同参与主讲，带动科普阅读的积极性，并推出自然主题系列展览。

"同一个地球"：2017年湖北省图书馆"童之趣"趣味科普季活动

刘映潇（湖北省图书馆）

一、活动背景

为弘扬科学精神，提升广大少年儿童科学探索意识，大力普及科学知识，湖北省图书馆少儿书刊部一直致力于开展内容充实、形式多样的少儿科普活动。"童之趣"趣味科普季系列活动作为湖北省图书馆"童之趣"少儿读书节主要阵地活动之一，已开展十五年，主要针对不同年龄层次的少年儿童进行科普阅读的引导与推广。

2017年，"童之趣"趣味科普季系列活动大力创新，同湖北省环保部门合作，开展以"同一个地球"为主题的系列科普活动。活动旨在面向青少年读者普及生活中的环保知识，倡导践行绿色生活方式，并充分利用图书馆资源，培养少年儿童阅读环保科普图书的兴趣和习惯，引导他们自主发现、自主探究当下环境问题带来的影响，提升少年儿童的环境保护素养。

二、活动内容

（一）活动概述

湖北省图书馆与湖北省环保宣教中心联合举办主题为"同一个地球"的环保科普系列活动，该系列活动主要针对6—12岁读者群体，开展每月一次的主题活动。包括引导广大青少年听一场环保科普讲座，读一本环保科普书籍，看一场环保科普电影，做一次环保科普实践，写一篇环保科普论文等。每期活动设立30—50个名额，系列活动将科学妙趣横生地展现在小朋友面前，让他们觉得科学并不遥远。活动形式丰富多彩，不仅有知名科普专家环保讲座，而且还有科普实验和制作，以达到趣味科普、树立环保理念的效果。

（二）活动安排及主题

表 1 "同一个地球"：2017 年"童之趣"趣味科普季各期活动

活动期数	活动时间	活动主题	参与人数
第一期	4 月 22 日 14：30—16：00	地球——我们的家园	50
第二期	5 月 20 日 14：30—16：00	我们身边的两栖爬行动物	50
第三期	6 月 10 日 14：30—16：00	绿色生活：身边的废物再利用	50
第四期	7 月 25 日 14：30—16：00	温室效应	50
第五期	7 月 27 日 14：30—16：00	有趣的太阳能	30
第六期	7 月 29 日 14：30—16：00	和叶子交朋友	50
第七期	9 月 16 日 14：30—16：00	微笑天使：江豚	50
第八期	9 月 23 日 14：30—16：00	胡萝卜推高塔	30
第九期	10 月 21 日 14：30—16：00	家乡的水资源	50
第十期	11 月 4 日 9：00	武汉植物园户外拓展 暨"优秀科普小会员"表彰	20

（三）活动奖励设置

1. 累计参加 3 场以上活动即可成为本年度趣味科普季活动小会员。

2. 每位小会员在系列活动开展期间提交至少一篇科普论文即可参加年终优秀科普小会员评选，依据小会员的活动表现、参与次数以及科普小论文的质量综合评选出若干名优秀科普小会员。

3. 优秀科普小会员将参加专题性户外科普活动，并能得到精美礼品和获奖证书。

4.所有参与活动的小读者都可以将自己的环保小发明、小科研成果以及为保护环境所做的贡献以案例、照片、产品等形式发给图书馆，图书馆将颁发特别奖励，获奖者的资料将永久存档在湖北省图书馆。

（四）会员制度及优秀科普小会员评选标准

1.会员制度：

（1）每次活动在电子表格中录入参与者的借书证号和少儿姓名、联系方式等信息。

（2）次数达3次的小读者在表格中标出，并定期在童之趣QQ群公布小会员参与情况。

（3）年终根据小会员名单及相关信息进行评选。

2.评选标准：

参与次数	活动表现	科普论文
占比 30%	占比 20%	占比 50%

（1）参与次数每期固定10分，共10期，满分100。

（2）活动表现根据老师及工作人员现场考察，每次活动选取表现优异小读者进行加分，每次最多10分。

（3）科普论文根据老师打分评判，满分100。

三、活动流程

活动根据每期不同的内容安排活动场地，以互动和展示为主的科普活动安排在范围大、容纳人数多、场地开放的少儿多功能厅进行，以动手实验、小制作为主的科普活动安排在范围小、场地封闭、环境安静的少儿科普教室进行。每次活动设立微信报名与现场报名两种报名形式，微信报名需关注微信公众号，并绑定读者证方可进行报名，现场报名于活动开始前一小时在服务台凭读者证进行报名。

1.活动前两个月

由湖北省环保宣教中心邀请和协调授课教师提交个人信息、活动简介、课程设计大纲等，由湖北省图书馆少儿书刊部审核课程设计。

2. 活动前一个月

由湖北省图书馆少儿书刊部在图书馆官网、微信、微博、读者 QQ 群等渠道发布活动通知及活动简介，并进行相关宣传工作。

3. 活动前一周

由湖北省图书馆准备好活动相关材料，布置场地，调试音响、笔记本等设备。

4. 活动前三天

开通微信报名通道，在读者 QQ 群等渠道进行相关宣传工作。

5. 活动当天

配合讲课老师开展活动，并在活动结束后及时录入现场报名表名单，在 QQ 群公布科普小会员的参与情况，鼓励读者继续参与。

四、活动安全保障

由于图书馆少儿科普互动活动主要针对 6—12 岁少儿读者群体，因此安全保障在活动中尤为重要。在每场活动前须提前制定好活动安全预案，成立活动专门安全小组，将责任落实到人，做好活动的安全准备工作。

活动前：

1. 清空活动场地，耐心与读者解释，保证活动的顺利进行。

2. 准备号码牌，在大型活动或参与人数较多时，按顺序发放，保证进场秩序。

3. 提前拉好安全隔离带，便于小读者排队入场。

4. 联系 1—2 名安保人员与工作人员共同维护进场秩序，组织小读者有序排队进入活动场地。

5. 与家长沟通好活动结束时间，便于家长提前到活动场地等候孩子。

活动开场：

向小读者与家长介绍安全出口位置与应急逃生路线，并强调活动纪律。

活动后：

1. 在小读者搬动座椅的过程中，注意维持秩序，避免发生不必要的碰撞和踩踏事件。

2. 未找到家长的小读者，由工作人员陪同留在原地等候，与小读者家长电话联系。

五、活动特点及分析

少儿科普活动要想保证活动效果及参与的连续性，首先要在活动内容上下功夫，将全年活动设计为一个整体，形成一个系列，从一个固定主题着手，向不同的角度发散。同时，每一期的活动从内容上来说具有循序渐进的特点，如在"同一个地球"的主题系列活动下，第一期的内容为"地球，我们的家园"，总体介绍地球的一些相关科普知识，强调环保重要性，然后从"我们身边的两栖爬行动物"的地球生物，"有趣的太阳能"的能量转换，"和叶子交朋友"的地球植物等方面的内容循序渐进，让小读者在每一期活动中学习到不同的科普知识，在多次参与的情况下感受到系列活动带来的整体性和内容的深入性。

图1　老师辅导小读者做二氧化碳的实验

其次，通过科普活动会员制度的设立，鼓励小读者多次参与，能够从一次性活动的体验转化为多次活动的科学性探究，深入学习每一期活动中不同的趣味科普知识。会员制度的设立提升了小读者的参与度，激发了他们探索发现的好奇心，让其科普知识储备有了系统性的提升。同时，相对固定的读者群体既提升了活动的组织性，又加强了小读者之间的交流，形成一个相对稳定的科普兴趣小组，使活动效果更为出色。

图 2　小读者为江豚涂色　　　　　　　　　　　　图 3　户外拓展活动

第三，系列活动鼓励小读者撰写简单的科普小论文，把生活中发现的科学知识、科普图书的读后感、在家里或小区做出的环保实践或建议等形成文字，激发小读者对生活中科学进行思考，培养其善于发现、独立思考、独立查阅资料、独立解决问题的科学探究能力，进而养成终身阅读的良好习惯。

图 4　户外拓展活动研究成果展示

六、活动效果

2017 年"童之趣"趣味科普季活动共开展 10 期，共有 700 余名孩子和家长参与，其中近 50 人参与活动达到了 3 次以上，更有多名小读者场场必到，从未缺席。活动以"同一个地球"为主线，一方面通过环境介绍、植物观察、动物趣事等内容向少年儿童全方位展示了环保的重要性及意义，另一方面通过互动问答、科普小制作、化学实验、实践操作等形式激发少年儿童对环境保护的思考。系列活动邀请到了环保科普领域内的小学名师、大学博士、学科带头人、环保大使等专家及教师，为孩子们带来内容有趣、形式丰富、知识严谨的科普系列活动，受到广泛好评。活动得到中华人民共和国环境保护部官方网站、湖北省生态环境厅官方网站、人民网、搜狐网、中国图书馆网等多家网站及媒体的报道。

图 5　环境保护部官网报道

青松鼠科普书院

张庆刚　李　波（青州市图书馆）

一、主题及内涵

青松鼠科普书院以青州市图书馆为阵地，联合本地科普机构，整合社会科普资源，打造"科普书院"模式，填补本地科技馆的空缺，丰富全民阅读活动内容。两年来，先后被评为"青州市科普基地""潍坊市社科普及教育基地"。

其中，"青"代表青州；"松鼠"因其聪明、灵巧，喜欢啃动坚果，往往用来代表攻关科普难题；"书院"是刊藏典籍、教化育人、研究传播的文化教育机构，更体现了山东省"图书馆＋书院"模式的特色。

二、设立背景

青松鼠科普书院设立既与国家重视全民阅读和科学素质提升的大背景有关，又与青州市当前实际密切联系，具体来说有以下几点：

（一）国家对全民阅读和全民科学素质提升高度重视

近年来，国家重视全民科学素质的提升。2016年国务院办公厅印发《全民科学素质行动计划纲要实施方案（2016—2020年）》，对"十三五"期间全民科学素质工作提升做出全面部署和安排。《方案》提出要坚持"政府推动、全民参与、提升素质、促进和谐"的工作方针，推动科技教育、传播与普及，扎实推进全面科学素质工作。图书馆作为全民阅读的重要阵地，承担起科学普及任务是应有之义，中国图书馆学会多次在全民阅读工作通知中提出要举办科普展等活动。

（二）青州市科普活动不足

青州市近年来不断加强科普教育，取得丰硕成果，但科技馆的缺位，造成科普教育无固定场所，缺少科普教育队伍专业人才，科普活动过于分散。

三、取得成效

青松鼠科普书院的创建，为青州市科普活动开展提供了固定场所，有效整合了社会科普力量，将科普工作成功纳入全民阅读活动当中，成为图书馆与社会单位合作的成功探索。

（一）加强图书馆科普阵地建设，提升科普能力

青州市图书馆 2014 年搬入新馆后，加大对科普阅读的支持力度，设立社会科学阅览室、自然科学阅览室，拥有各类专业书籍 15 余万册；购入自助借还机 4 台、电子书阅读机 4 台、阅报机 1 台，建成 24 小时图书馆一座，全馆覆盖无线网络；并实现读者自助借还，开通手机 App 和身份证、市民卡借还图书。特别是电子阅览室，将"科普中国"设为首页，读者可以直接登录科普网站。

（二）举办"全国科普日"活动，丰富全民阅读新内容

自 2016 年起，青州市"全国科普日"活动固定在市图书馆举办。同时，将"全国科普日"活动纳入青州市全民读书节内容当中，丰富全民阅读活动内容。每年 9 月第三个周六，青州市"全国科普日"活动在市图书馆举办，举办机器人、VR 视频、无人机等展览，开展防灾减灾、健康中国行、食品安全等宣传，围绕公众关切的健康安全、科技前沿等热点、焦点问题，及时、准确、便捷地为公众答疑解惑。

图 1　2017 年 9 月 16 日，青州市"全国科普日"系列活动在市图书馆举行

（三）联合社会机构举办公益讲座，打造科普人才队伍

青州市联合本地小牛顿科普馆、坚果实验室等科普培训机构，在市图书馆定期举办公益讲座。讲座将深奥的化学、物理等知识转换为通俗易懂的语言，并通过现场实验等方式寓教于乐，培养孩子们对科学的兴趣，普及科学知识。同时图书馆吸收培训机构人才成为科普志愿者，壮大科普宣传人才队伍。

图 2　小牛顿科普馆在青州市图书馆举办科普公益讲座，小读者参与科普实验活动

图 3　组建青州市科普志愿者队伍

（四）举办科普夏令营，掀起全民科普热

每年暑期，市图书馆与科协等单位在市图书馆举办科普夏令营，在图书馆设置科普展板，发放《科普手册》《公民科普素质读本》等科普资料，在一楼大厅大屏幕及四楼 3D 影视厅播放科普视频，发放"科普中国"二维码，激发读者学习科普知识热情，掀起全民科普热。

（五）建立乡村科普书屋，传播农业农村新知识

2016 年，青州市图书馆在南寨村、侯王村、南张楼等 10 个村设立农村科普图书室。2017 年，又设立大袁村、贯店村等十处科普图书室。每个图书室拥有种植、养殖、机械等科普类书籍 1000 余册，常年免费向村民开放，将科普知识送到村民的田间地头。

四、总结

青松鼠科普书院的设立，有效弥补了当地没有科技馆的不足，整合了本地科普培训机构资源，充分发挥了图书馆在科普阅读推广中的阵地和纽带作用，丰富了全民阅读活动内容，在普及科学知识、弘扬科学精神方面发挥了重要作用，是图书馆与社会合作的一次成功探索。

名著中的植物——利用微信公众号科普本地植物

张 达 王 丹 冯 刚（秦皇岛图书馆）

一、背景

这是一个科技飞速发展的时代。根据中国互联网络信息中心（CNNIC）第40次《中国互联网络发展状况统计报告》，截至 2017 年 6 月，我国手机网民达 7.24 亿，网民使用手机上网的比例由 2016 年底的 95.1% 提升至 96.3%，网民手机上网比例在高基数基础上进一步攀升。

第十四次全国国民阅读调查报告指出，网民手机上网应用中，网络文学用户增长率达到 12.3%，新兴媒介接触时长提升，选择电子阅读的 00 后占比高达 71%。近九成（89.1%）的手机阅读接触者选择"微信"作为主要阅读内容。我国成年国民人均每天微信阅读时长为 26.00 分钟，较 2015 年增加了 3.37 分钟。手机阅读接触群体人均每天微信阅读时长为 41.67 分钟。微信成为人们阅读的主要工具。数字化阅读时代已经开启。人们对数字资源的需求飞速增长，阅读不再受到空间、环境的限制。而微信公众平台是一个进行自媒体活动的功能完备的宣传平台，具有即时通讯和信息传播的双重功能。微信公众号推文成为手机阅读的重要内容。

为了顺应手机阅读的趋势，引导大众阅读方向，增加科普趣味性，秦皇岛图书馆微信公众平台推出了一系列的科普短文。

二、活动过程

1. 参考杭州图书馆、上海图书馆等各大图书馆微信公众平台，探讨微信公众平台应用于图书馆领域的可操作性和意义。

2. 确定科普对象。以随机访问的形式，调查人们对常见植物的了解程度。

通过调查发现：很多植物人们耳熟能详，却不知道它们正确的叫法，对它的学名、习性更是一无所知。人们有心了解，却无从下手。确定主要科普对象是秦皇岛本地居民和对常见植物尤其是当地植物感兴趣的人群。

3.确定科普内容。为了增加文字的可读性，科普推文并没有单纯地介绍植物，而是通过文学作品中人们耳熟能详的一些植物名字引出秦皇岛当地常见植物的科普知识。科普内容涉及《诗经》《楚辞》《红楼梦》等经典文学作品。

4.确定科普方式。图书馆微信推送文章以图书为基础，将名著与植物科普相结合进行介绍与分析。让读者在了解植物的同时，也对文学作品背后深意有一定的了解。

三、主要内容

一共做了6期以植物为主题的微信推送，每次推文的主题都由秦皇岛图书馆微信小编精心策划，内容参照本馆馆藏文献及网络百科平台仔细查证，确保文章的准确性。为使文章内容生动、活泼，每个植物名称后都有配图。在视觉上营造良好的阅读感受。这些配图有的来源于网络，有的在秦皇岛实地拍摄。熟悉的景色，大大提高了本地读者对植物的兴趣。

（一）蒹葭苍苍——《诗经》中的花草世界

阅读量：1533

推送时间：2017年10月20日。

微信推送《诗经》篇：本篇推文选取了《诗经》中的五句诗词，解释诗词大意并科普它们对应的植物。这五句诗分别是：蒹葭苍苍，白露为霜，所谓伊人，在水一方；焉得谖草，言树之背。愿言思伯，使我心痗；维桑与梓，必恭敬止。靡瞻匪父，靡依匪母；有女同车，颜如舜华。将翱将翔，佩玉琼琚；苕之华，芸其黄矣。心之忧矣，维其伤矣！诗句中所对应的植物分别是：芦苇、萱草、梓树、木槿、凌霄花。推送中同时推荐了图书《美人如诗，草木如织：诗经植物图鉴》，并提供了该书的馆内索书号。

（二）惟草木之零落兮，恐美人之迟暮——《楚辞》中的植物世界

阅读量：780

推送时间：2017年10月26日。

微信推送《楚辞》篇：本篇推文选取了《楚辞》中的五句诗词，解释诗词

大意并科普它们对应的植物。这五句诗词分别是：沅有茝兮醴有兰，思公子兮未敢言；扈江离与辟芷兮，纫秋兰以为佩；荷衣兮蕙带，儵而来兮忽而逝；蛟龙兮导引，文鱼兮上濑。抽蒲兮陈坐，援芙蓉兮为盖；芷葺兮荷屋，缭之兮杜衡。合百草兮实庭，建芳馨兮庑门。诗句中所对应的植物分别是：白芷、泽兰、罗勒、香蒲、杜衡。推送中同时推荐了图书《草木零落，美人迟暮：楚辞植物图鉴》，并提供了该书的馆内索书号。

（三）草木皆兵——成语中的植物世界

阅读量：750

推送时间：2017 年 11 月 10 日。

微信推送成语篇：成语有很大一部分是从古代相承沿用下来的，在用词方面往往不同于现代汉语，它代表了一个故事或者典故。了解古代植物的习性，可以帮助我们更好地理解成语意思。本篇推文选取了四个有代表性的成语，解释它们的出处，科普相对应的植物。这四个成语是：桃之夭夭，出自《诗经》；李代桃僵，出自《乐府诗集》；瓜田李下，出自《古乐府》；柳暗花明，出自《游山西村》。对应的植物分别是：桃、李、甜瓜、柳树。推送中同时推荐了图书《字里行间，草木皆兵：成语典故植物图鉴》，并提供了该书的馆内索书号。

（四）濯清涟而不妖——唐诗中的花草世界

阅读量：849

推送时间：2017 年 11 月 18 日。

微信推送唐诗篇：唐诗对后代文学影响巨大。唐诗产量之丰、境界之纯熟，堪称中国诗歌的黄金时代。其中不乏借景抒情，以植物来作比喻的。认识唐诗中的植物种类、形态和所代表的意义，是了解诗人心境的一个渠道，也是读唐诗的趣味所在。

本篇推送选取了五首唐诗进行诗词赏析和植物科普。分别是：王维的《送綦毋潜落第还乡》；李商隐的《无题》；杜牧的《赠别·其一》；杜甫的《佳人》；孟浩然的《过故人庄》。这五首中出现的植物有：薇、莲、豆蔻、合欢、桑树和麻。推送中同时推荐了图书：《莺飞草长，杂树生花：唐诗植物图鉴》，并提供了该书的馆内索书号。

（五）阆苑仙葩——《红楼梦》中的花草世界

阅读量：907

推送时间：2017 年 11 月 24 日。

微信推送《红楼梦》篇：《红楼梦》是我国古典小说的巅峰巨著，在人物描述、美食宴饮、风俗文化等方面，刻画的细致入微。而在书中提到的植物，更是超过七十余种。纵观《红楼梦》，植物不仅仅是场景点缀，更起到了对人物性格甚至今后结局的暗示。

推文选取《红楼梦》中具有代表性的五种植物，它们分别是：第一回中出现的绛珠草；第十七回中出现的西府海棠；第四十四回中出现的玉簪花与紫茉莉；第六十二回出现的芍药；第二十六回出现的香榧。西府海棠、玉簪花、茉莉花和芍药，均为秦皇岛较为常见的植物。推送中推荐图书：《阆苑仙葩，美玉无瑕：红楼梦植物图鉴》，并提供了该书的馆内索书号。

（六）其上多梓柟，其下多荆杞——《山海经》中的花草世界

阅读量：561

推送时间：2017 年 12 月 11 日。

微信推送《山海经》篇：本篇推文列举了 3 种《山海经》中的植物，原文及出处如下：又东四百里，曰虖勺之山。其上多梓柟，其下多荆杞。滮水出焉，而东流注于海。出自《南山经 南次二经》；西南二百里，曰鸟危之山，其阳多馨石，其阴多檀楮，其中多女床。鸟危之水出焉，西流注于赤水，其中多丹粟。出处《西山经 西次二经》；西次四经之首，曰阴山。上多榖，无石。其草多茆、蕃。阴水出焉，西流注于洛。出自《西山经 西次四经》。对应的植物为：荆、楮树、莼菜。推送中推荐图书：《彩色图解山海经》，并提供了该书的馆内索书号。

以上 6 期总点击量（每篇统计发送推文 7 天后点击量）：5380 次。科普植物数量：28 种。

四、创意亮点

（一）形式新颖

通过微信公众号推送植物科普文章，将名著与植物科普相结合，进行介绍与分析。让读者既能了解植物，又促进了他们对名著的深度阅读。

（二）内容多样

所介绍的植物涵盖面广。如单子叶植物兰科介绍了泽兰，双子叶植物蔷薇

科介绍了桃、李，裸子植物介绍了（香）榧，被子植物介绍了菖蒲科等。

（三）互动环节

在文末增加问答环节，既能与读者互动又能增加文章的趣味性，提高读者参与性。例如：在第 2 期《惟草木之零落兮，恐美人之迟暮——〈楚辞〉中的植物世界》中增加随堂考：

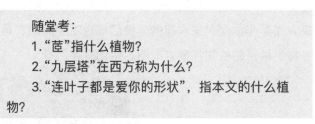

随堂考：
1."茝"指什么植物？
2."九层塔"在西方称为什么？
3."连叶子都是爱你的形状"，指本文的什么植物？

图 1　微信文章末增加提问

读者留言回答非常踊跃：

图 2　读者通过留言参与互动问答

五、案例总结

在进行了 6 期推送后，我们对本活动进行了总结和分析。

（一）推荐图书借阅量明显提高

本系列共推荐图书 6 册，均到馆 2 年以上。2016 年 11 月至 2017 年 11 月，这批推荐图书的借阅总次数为 16 次，而科普系列文章推出后一年，即 2017 年 12 月至 2018 年 12 月，总借阅数次为 76 次。

（二）微信科普的方式得到了读者的认可

每篇推送文章平均点击次数约 900 次。通过读者给我们的后台留言可以看出，这种科普方式是非常受大家欢迎的。微信推送不受时间、地域的限制，方便随时查看。每个科普的植物都带有配图，生动有趣。

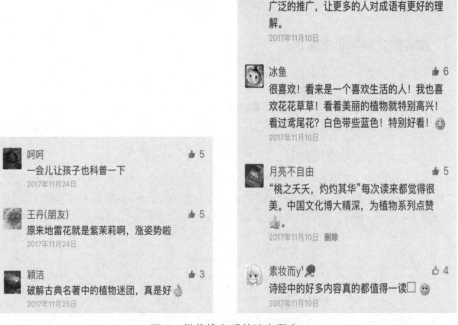

图 3　微信推文后的读者留言

（三）不足之处

这是一种新的科普形式，可供参照的材料不足，更新不够及时，导致推送频率低，推送的次数有限。

长沙市图书馆总分馆科学实验站

杨　婷（长沙市图书馆）

一、活动概况

（一）主题

通过科学小试验，发现科学大真相。

（二）背景

长沙市图书馆梅溪湖金茂分馆于 2016 年 9 月 2 日开馆，位于岳麓区梅溪湖金茂悦棠街内。馆内面积 300 平方米，分三层建设，一楼是市民免费借阅室，二楼是生活休闲馆，三楼是金茂书院，专门举办各类文化艺术沙龙活动。分馆藏书超过 6000 册，涵盖儿童青少年读物、文学读物、社科读物及期刊等多类书籍。

作为全省首家由公益教育基金与政府合作建设的社区分馆，金茂分馆由长沙市图书馆与金茂公益教育基金会共同打造，旨在进一步推进公共图书馆社区延伸服务，为片区内市民提供公益阅读信息交流平台。

社区居民精神文化需求的日益增强也对阅读这种最基本的服务方式提出了全新的需求。为丰富社区居民文化生活，充分利用图书馆的优势为居民服务，2017 年以来陆续举办了各类阅读推广活动。因周边众多中小学校环绕，以居住社区为主，儿童青少年群体占据借阅人群很大比例。结合周边特点，金茂分馆开展了童心同趣读书会、圈圈故事会、国学小课堂、科学实验站等少儿阅读推广活动。

科学实验站是针对 4—7 岁小朋友的科普教育活动，于 2017 年 7 月 23 日至 11 月 26 日开展，共举办 12 期，每期课时为 60 分钟，课程涵盖了光学、力学、电学、热学、化学等不同领域内容。课程采用绘本＋科学实验的方式，帮助小朋友们了解科学常识，培养科学思维，激发探索精神。

科学实验站特别邀请原长沙市岳麓区梧桐树儿童成长中心创始人之一、北京理工大学自动控制系硕士李珊担任课程主讲老师。李珊老师有着10年工程师和2年阅读推广人经历，理科专业背景，加上她熟知儿童心理，善于引导孩子思考，教学风格严谨又不失趣味，其课程深受小朋友的喜爱。

（三）流程

每节课会根据不同主题设置不同的教学环节。常规流程主要包括以下四个步骤：

1.开场破冰小游戏：开场安排与实验有关的趣味小实验或小魔术，帮助小朋友们自然进入学习的最佳状态，激发学习兴趣。

2.讲解科普绘本故事：每一个科普绘本有不同的故事主题，并将主要的知识点穿插在故事中；老师在讲述科普绘本同时，以提问引导式教学方法引导小朋友思考，让小朋友大胆进行假设，从而培养其发散思维；然后演示一些小实验，引导小朋友通过现象得出结论，最后老师揭晓答案，并系统讲解知识点和实验原理。

3.手工实验：小朋友在老师的指导下完成1—3个手工实验，在实验中理解、吸收知识点。

4.总结回顾：老师进行回顾性总结，并分享与主题相关的现象和案例，分享本期科学知识在生活中的应用，并布置课后作业。

二、活动目的与课程设计

早期的科学启蒙，不是为了培养科学家，而是从小培养科学思维。学龄前的孩子接触科学，不是为了让他们学到这些"高难度"的科学知识，而是让他们从小开始就可以像科学家那样思考和解决问题。4—6岁学龄期这个阶段正是孩子们好奇心爆棚的时候。抓住这个黄金时期，对孩子进行科学启蒙，将会让孩子一生受益。科学实验站课程有三个目的：第一，让孩子了解更多科学常识；第二，培养孩子科学思维；第三，保护好奇心，激发孩子的探索精神。这主要体现在：

1.根据每期主题选择适合孩子们阅读的科普绘本。绘本以图画为主，文字为辅，绘本的图片往往十分精美，展现的内容贴近儿童的生活和感受，方便儿童理解。学龄前的幼儿正处于"读图"的敏感期，直观的画面和丰富的色彩能有效刺激幼儿对阅读的兴趣，培养他们的观察力、想象力、判断力和审美能力。

2. 每课设计 1—3 个小实验，寓教于乐。这样不仅使小朋友充分体会到动手做的快乐，获得很大成就感，在做实验的过程中，小朋友还会学习到科学的推理方式和验证方法。同时，这个过程中，他们还通过亲身的实践，体验科学知识的价值。这对于孩子未来科学知识的学习以及探究能力发展将会有很大的促进作用。

3. 增长知识、开阔眼界，使小朋友对生活中很多自然现象有了进一步认识。

4. 课堂上大部分实验由小朋友亲自动手完成，小朋友有疑问会请教其他同学，或者合作完成，锻炼了小朋友团队协作能力、手工操作能力，也大大提升了创造性思维能力。

总之，科学实验站以其独特、新颖的教学方式，着重培养学龄前儿童的科学思维，如观察和描述能力、比较和归类、提问和预测能力，激发孩子的好奇心和求知欲，让孩子更加敏锐地去观察和感知世界。

三、创意亮点

（一）设计

科学实验站采用绘本结合科学实验的方式，即用有趣的绘本故事作为媒介，在故事中让小朋友们观察、想象，提出问题，启发思考，并通过孩子们亲自动手实验，让小朋友在轻松有趣的环境中开启对科学的探索之旅。

每节课包括开场破冰游戏、绘本故事讲解、科学实验等环节，科学实验环节会准备 1—3 个生动有趣的小实验，均根据符合小朋友的身心发展特点、安全性、趣味性和可操作性、内容材料生活化等原则来设计，几个小实验由浅入深，由简单到复杂，环环相扣，一步步地激发小朋友探索问题、解决问题的信心。

（二）内容

本季科学实验站主题包括磁铁的力量、神奇的光、物质的状态、亮起来的灯、无处不在的固执鬼——惯性、寻找间谍、有趣的声音、沉与浮、杠杆——轻轻松松提起来、酸与碱、逃跑的热量、转来转去的能量等，课程涵盖了光学、力学、电学、热学、化学等内容。后续课程将增加生物、人文生活、宇宙太空、自然现象及灾难等领域的内容，使小朋友开阔眼界，同时让小朋友充分体会到思考的乐趣。

（三）实施要点

根据网上预约报名人数准备器材数量，重点考虑的实验器材安全性、可操作性。

教学、绘本讲解中采用提问方式，使小朋友学会思考。在实验的整个流程中，注重培养小朋友观察与提问、收集整理信息、提出假设、学会验证的能力，培养小朋友的科学思维。最后再总结回顾知识点，巩固加深。

因实验环节较多，小朋友年龄小，自理能力差，课程中配备一到二个志愿者，及时收发实验器材，辅助进行课堂纪律管理和指导小朋友完成实验。

（四）宣传与成效

为提高读者参与积极性，在智慧长沙、长沙市图书馆公众号、读者微信群进行定期活动预告宣传，同时建立 2 个读者微信群共 200 余人，进行课程内容的分享与交流。活动开展以来，共 200 多位小朋友报名参加。与其他儿童阅读推广活动相比，该活动家长支持率更高、小朋友兴趣更浓厚、参与人数更多，大大提高了馆内科普书籍的流通量。李珊老师受邀参加长沙市首届"寻找故事首艺人"大赛进行科普绘本讲解，提高了社会对少儿科普阅读的关注度。

附：课程"转来转去的能量"介绍

1. 老师通过自制针筒发电装置，提问引导小朋友们发现身边存在的能量。

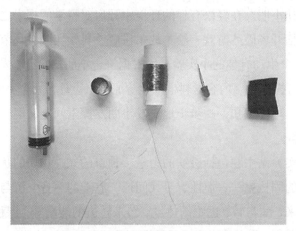

图 1　自制针筒发电装置

2. 老师讲绘本故事，小朋友们通过绘本故事《转来转去的能量》了解能量的种类、能量的最终源头。

图 2　讲绘本《转来转去的能量》

3. 小朋友在老师指导下制作手摇发电机，用发出的电点亮 LED 灯。通过实验了解各种能量是如何转换为电能的。

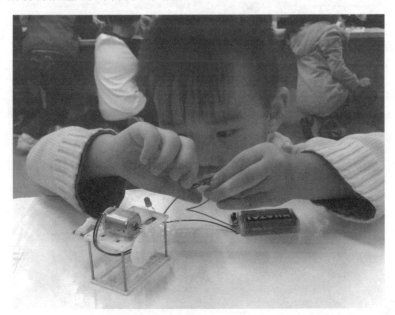

图 3　制作手摇发电机

4.小朋友在老师指导下组装制作风力小车，思考风力小车在前进过程中经过了哪些能量的转换。

图 4　制作风力小车

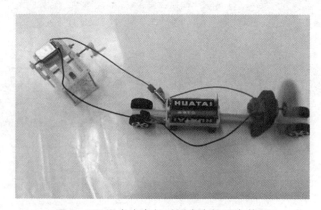

图 5　DIY 风力小车加手摇发电机组合装置

打造多元文化空间　全方位推广科普阅读

孟姝君　付楠楠（沧州市图书馆）

一、案例概况

科普教育是公共图书馆的服务使命之一，也是图书馆阅读推广的重要组成部分。近年来，沧州市图书馆积极承担社会责任，充分发挥公共文化传播平台的优势和特点，开设科普图书专架，打造科普体验区，举办形式多样的科普活动，以丰富的形式、多样化的手段全方位推进科普阅读，取得了较为明显的社会效果。

二、活动设计

沧州市图书馆结合沧州本地和本馆的实际情况，致力于打造"科普专家工作站""科技互动体验区""创客空间"等富有特色的文化空间，联合社会力量，通过讲座、展览、培训、知识挑战赛等多种方式，推广科普阅读。

三、主要内容与实施要点

（一）设立科普文献专架

公共图书馆的文献资源是开展科普教育的必备条件。沧州市图书馆馆藏资源类型丰富，每年除自身购书经费外，还得到了沧州市科协的购书资金支持，可保持科普文献持续更新的状态，拥有充分的信息资源保障。目前，沧州市图书馆拥有科普文献共计5900册，根据读者年龄段不同，分为少儿、成人两部分。我馆在一楼少年儿童服务区及三楼自然科学借阅区长期设立科普图书专架，方便更多读者能阅读到科技书籍，让科普知识发挥更大的作用。

（二）建立科普专家工作站、科普互动体验区

科普专家工作站成立于2014年5月，位于我馆三楼南区研修室。工作站

以专题科普报告会、订单式科普培训、交流互动等形式邀请国内知名科普专家为市民讲解、宣传科普知识，内容涉及信息科学技术、生命科学和生物技术、生物多样性、生态与环境保护、地球科学、天文、航空、激光、微电子、遥感、新材料、新能源、现代磁学及应用技术、防灾减灾、公共安全等多个方面。

当年 10 月，位于一楼西区的科普互动体验区也正式对读者开放。体验区由市图书馆和市科协共同创建，分为壁挂式和台式科技展览，内容涉及光学、力学、电学、数学、生命科学、电磁学等学科，它就像一个小型的"科技博物馆"，贴近市民的学习和生活，具有极强的针对性和知识性，使读者通过观看和体验感知科学原理，以游戏化、探究式等互动参与为主的多样化展教方式，鼓励公众亲身体验、积极思考。

（三）打造创客空间

近年来，随着各项新技术的应用，图书馆的空间规划、工作模式和服务方式都发生了巨大的变化。2016 年，沧州市图书馆不断探索将知识服务、文化休闲与创客服务融为一体，以"知识、学习、分享、创新"为核心，充分利用图书馆资源优势，打造开放式的创客空间，其内部划分为科技体验展示区、DIY 操作区和开放式讨论区。DIY 操作区由多个板块构成，包括由微型机床和3D 打印机组成的创客加工板块、机器人板块、电子控制板块等，提供丰富多样的工具，满足参与者各类创意制作的多种需要。

图 1 创客空间

（四）开展科普阅读推广品牌活动

以科普专家工作站、科普互动体验区和创客空间为平台，利用丰富的馆藏科普文献，我馆开展了涉及内容广泛、形式丰富多样的科普阅读推广活动。

1. 长期举办科普系列讲座

科普专家工作站成立后，我馆邀请中科院老科学家、国内高校学者、沧州本地学者等专家到馆讲座，包括中国气象科学研究院陆龙骅研究员主讲的《雾、霾与大气污染》、中国科学院老科学家科普演讲团副团长徐文耀主讲的《科学中的美》、中国科学院老科学家科普演讲团成员吴瑞华研究员主讲的《"7"，无意义图形和学习效率——趣谈心理学对改善学习方法的促进作用》《漫谈消除"高考"前心理紧张问题的若干措施》、辽宁师范大学教育学院心理学系副教授李灵主讲的《幸福——你心中真正的中国梦》以及与沧州市中心医院合作推出的"健康伴您行系列讲座"等，共计45场。

图 2　2014 年 5 月 25 日，陆龙骅研究员在沧州市图书馆做大气污染讲座

2. 举办科普展览

科普展览内容生动直观。我馆利用馆藏资源和空间，结合社会热点，举办了世界珍稀活体蝴蝶展，共展出各类大小蝴蝶 1000 多只，近 600 个品种，

12 个科目；举办了"铭记历史 振兴中华"国防科技展览，展览除图文展板外还特别展出了具有历史代表性的五架飞机模型；举办了"科技梦·中国梦"中国现代科学家主题展，介绍中国现代科学家群体形成、发展的曲折历程，反映了他们为国家富强、民族复兴所付出的艰苦努力和做出的巨大贡献。

3. 连续两年举办大学生知识挑战赛

沧州市图书馆在每年的 9 月至 10 月举办全民读书月活动。在读书月期间，市图书馆连续两年举办了全市大学生知识挑战赛，由全市各高校分别选送代表队参赛，题目类型覆盖科学常识、IT 知识、文化常识、体育常识、网络常识等方面，旨在让大学生在体验竞技乐趣的同时，增加科普知识储备，提升文化修养和综合素质。

4. 狮城读书月期间举办"科学之美""心灵的阳光"等不同主题的阅读推广周活动

狮城读书月期间，市图书馆特别策划了"科学之美""心灵的阳光"主题阅读推广周活动，主要活动包括科普文献荐读、网络竞答、专题讲座、主题电影放映等。

5. 举办法律、心理公益咨询活动

沧州市图书馆连续四年举办"与律师面对面——法律咨询月"活动，邀请市内多家知名律师事务所的专业律师，面对面解决读者提出的法律问题。活动期间，中文图书借阅区设立法律类书籍展示区，供咨询者和法律工作者查询使用；同时收集整理法律法规类网站信息，以网络资源导航的形式向读者进行推介；还免费辅导读者网络查询法律法规和政府公开信息，提高读者获取相关信息的能力。本次活动得到了广大市民朋友的一致好评，为广大市民知法、懂法、用法提供了渠道，更为广大读者了解图书馆作为公共文化空间的社会职能打开了一扇窗口。

沧州市图书馆还推出了

图 3 创客空间制作交通红绿灯

"有爱悦读·相伴幸福"心理咨询公益活动，30余位读者通过预约，免费与心理咨询师面对面交流，就心理健康、婚姻情感、家庭教育、亲子关系等方面的问题进行一对一的咨询。

6. 创客主题公益活动

沧州市图书馆以创客空间为主阵地，同时利用馆内其他服务空间，广泛开展公益性创客主题活动，在工作人员指导下，读者可利用手工机床等机械制造工具。利用3D打印笔、3D打印机等设备开展3D建模、3D绘画等主题活动，让大家感受新技术带给人类的思维变革；利用电子控制套件开展交通红绿灯、电子升旗杆等主题活动，运用电子电路实现信息和能量的转换；利用机器人套件开展机械毛毛虫、酷车联盟等系列活动，让读者学习综合利用信息技术、电子工程、机械工程、控制理论、传感技术等解决实际问题。

除在创客空间举办活动外，沧州市图书馆还确定创客主题，充分利用其他服务区的优势，扩大受众群体。如使用创意拼插件在低幼服务区梦想小剧场开展设计、拼插、组队竞赛形式的亲子活动；在少儿电子阅览室开展少儿编程课程，引导青少年正确利用计算机资源。通过各种活动推广，在小小创客心中埋下创新创意的火种。

7. "全民E时代"免费电脑培训

沧州市图书馆新馆开馆以来，针对老年人、农民工等特殊群体，一直坚持开展"全民E时代"免费电脑培训活动，每半个月举办一期。培训内容主要是电脑基础知识，包括计算机的基本知识与基本操作，如WORD的基本操作、如何浏览网页查找所需信息、从网页上下载软件及图片等。"全民E时代"免费电脑培训活动，为特殊群体读者提供了一个学习交流、掌握现代化技术的平台，受到广大读者的一致好评，吸引多家媒体争相报道。

8. 残障读者活动

沧州市图书馆和市残联多次联合举办助残活动，包括捐赠盲文图书、助残设备，定期组织残障读者体验图书馆，邀请天津和平区文化宫、天津广播电视台的文化志愿者为特殊教育学校的学生现场讲播无障碍电影等，为残障读者提供了温馨、便捷的服务，让他们平等地享受公共图书馆的文化服务，让图书馆真正成为他们的教育基地和精神家园。

图 4　全民 E 时代活动现场

图 5　参加全民 E 时代活动的老年读者正在请教老师问题

四、成效与影响

（一）多方互动，影响广泛

　　沧州市图书馆牵头带动各区（县）图书馆，将活动延伸到街道、社区，建立了市、区、街镇、社区各级单位逐层深入、相互配合的工作模式，使读者活动覆盖面更广，产生了巨大的社会影响。我馆还积极争取市科协、市文广新局、市残联、社科联等部门的支持，为读者和各方专家搭建互动交流的平台。

（二）贴近实际，增强实效

沧州市图书馆科普活动根据读者需要进行策划组织，活动与服务内容均贴近实际，广受读者欢迎并产生了良好的社会效果，获得"沧州市社会科学普及基地""全国社会科学普及基地"等荣誉。

五、创意亮点

（一）优化馆藏结构，集中推介科普资源

目前，科普文献虽然分别在少儿服务区和成人服务区设立专架，但对于读者的集中利用还是造成一定不便。我馆在 2018 年对于科技互动体验区进行集中改造，在扩大面积的同时，将其分为科普阅读空间和科普体验空间两部分，将科普文献集中放置在阅读空间，以更加直观的方式呈现我馆所藏的科普文献资源，有针对性地主动向读者推介。

（二）延伸传统服务，不断创新科普方式

我馆在推出专题讲座、展览等传统活动基础上，不断创新科普阅读推广方式，增加了更具参与性、体验性、互动性的科普设备操作、创客活动、少儿编程培训等活动。另外，针对不同类型的读者群体进行相应的科普教育，主要包括青少年、老年及残障读者等特定群体，均依据其特点选择恰当的推广方式。我馆还利用官方网站、微信等平台，向读者提供在线科普资源阅览等服务，突破了传统活动的时间与空间的限制。

（三）联合各方力量，共同推进科普阅读

我馆通过联合本地五所高校图书馆，发挥各自优势，协作开展大学生知识挑战赛、专题讲座等科普阅读推广活动。与此同时，我馆还积极与市科协、市社科联、市残联、律师事务所、心理咨询机构等单位和专业组织开展长期合作，通力推进科普资源的共建与共享，为开展科普活动提供了专业保障。

沧州市图书馆时刻关注读者的需求以及社会发展变化，不断调整科普阅读推广的内容和形式，打造立体文化空间，全方位推广科普阅读，充分发挥图书馆的科普教育功能，为提高全民科学文化素质做出了积极贡献。

扶志、扶智助推新疆南疆贫困地区脱贫

——新疆农业大学图书馆农民科普阅读推广活动

冯　丽　邱　娟　布娲鹣·阿布拉（新疆农业大学图书馆）

一、活动简介

在目前我国要确保 2020 年全面脱贫的形势下，为助力新疆南疆少数民族贫困地区全面脱贫，新疆农业大学图书馆通过参与学校"访惠聚"活动和"民族团结一家亲"活动的机会，利用图书馆的农业科技文献资源优势，采取深入新疆南疆农村推广科普知识和邀请农民走进图书馆的方式，以捐赠科普图书、邀请农业专家给农民面授农业科技、宣讲政策、邀请农民和农村孩子走进图书馆等形式，开展农民科普阅读推广活动。一方面，帮助农民转变观念，由"要我脱贫"转变为"我要脱贫"，通过扶志助力南疆贫困地区脱贫；另一方面，帮助农民掌握实用的农业科技，通过扶智助力南疆贫困地区脱贫。

（一）活动目的

1. 通过让农民走进高校图书馆，感受先进文化和现代文明，激发农民对知识的渴望和对美好生活的向往。

2. 通过宣讲政策，让农民对未来的生活充满希望，增强自我发展的信心。

3. 在新疆南疆地区推广农业科普阅读，增强少数民族农民靠科技脱贫的意识。

4. 通过捐赠科普书籍和专家面授农业科技相结合，让农民掌握实用农业科技。

5. 引导农村的少数民族孩子们"热爱阅读"。

图 1　邀请农村的孩子和农民走进图书馆，感受农业科技的发展

（二）活动意义

1. 促进高校图书馆的文化传播功能向农村、农民、农业延伸。

2. 有利于转变农民的观念，通过扶志助力新疆南疆贫困地区脱贫。

3. 有利于农民掌握实用农业科技，通过扶智助力新疆南疆贫困地区脱贫。

4. 有利于在新疆南疆少数民族地区，尤其在孩子们中形成热爱阅读的社会风气。

图 2　给农民捐赠农业科普读物

二、活动实施的背景

党中央提出："2020 年要全面实现小康，少数民族一个都不能少，一个都不能掉队。"目前全国正在开展"打赢脱贫攻坚战"，新疆南疆是少数民族聚集地区，也是全国重点贫困地区。导致贫困的主要原因有：一是思想观念落后；二是农业还停留在靠父辈传授经验，靠天吃饭的传统农业阶段；三是农民的文化素质低，掌握的农业科技知识少；四是主动脱贫意识不强，"等、靠、要"思想严重。为落实党中央的"坚决打赢脱贫攻坚战"的新任务和新要求，新疆正通过"访惠聚"活动和"民族团结一家亲"活动来深入开展脱贫攻坚工作，尤其将南疆确定为脱贫攻坚的重点地区。按照自治区的部署，新疆农业大学在南疆阿克苏阿瓦提县拜什艾日克镇 7 个村有"访惠聚"驻村工作队，有驻村工作队员 42 人，有 200 多名干部参与"民族团结一家亲"活动，与 1000 多名农民结亲。根据新疆农业大学的工作要求，图书馆有三人参与了深度贫困村的驻村扶贫工作。有 30 位馆员参与"民族团结一家亲"活动，与南疆阿克苏阿瓦提县拜什艾日克镇 7 个村的 100 多名农民结亲，每年要去看望亲戚六次，每次在南疆农村开展为期一周的走访入户调研以及和农民"同吃、同住、同学习、同劳动"活动。

为了在"访惠聚"工作和"民族团结一家亲"活动中发挥图书馆的文化传播功能，延伸图书馆的功能空间，自 2015 年开始，新疆农业大学图书馆策划了"农民科普阅读推广活动"，以"扶志、扶智助推新疆南疆贫困地区脱贫"为主题，通过让农民、农村孩子走进图书馆以及图书馆馆员走进农村、农民家里双向互动方式，面向新疆农业大学在阿克苏阿瓦提县拜什艾日克镇 7 个驻村点的少数民族农民进行科普阅读推广。

三、活动实施要点

1. 捐赠科普读物，拓展服务领域，为农民增产增收献计献策

通过科普读物的支援，引导广大农民多读书、读好书，这不仅丰富了群众的精神食粮，还提高了农民文化素质和农村生产力水平，为进一步加快新农村建设添砖加瓦。新疆农业大学图书馆在 2015 年、2016 年和 2017 年组织工作人员精心筛选农业科技、家畜家禽养殖和作物栽培方面的优秀维吾尔文科普图

书。在邀请农民参观图书馆、去驻村点慰问和参加"民族团结一家亲"活动时，我馆共捐赠农业科普图书近六千册，价值近2万元。

2. 给农村的孩子们捐赠儿童读物和学习用具，带孩子们朗读

图书馆的馆员利用每次去探亲的机会，都会自己花钱买一些优秀的儿童读物以及台灯、书包和文具等学习用品带给村里的孩子们，并且利用每天晚上教少数民族孩子们学习汉语，带着孩子们朗读童话故事和中华经典美文。此外，寒暑假时，在村里举办的假期辅导班上指导孩子们学习和朗诵。

图3　给农村的孩子们捐赠玩具

3. 邀请农村的孩子和农民走进图书馆，感受农业科技的发展

图书馆在2015年、2016年和2017年分别邀请新疆农业大学所在"访惠聚"驻村点的阿瓦提县村民和中小学生、新疆农科院"访惠聚"驻村点的小学生、新疆友好集团"访惠聚"驻村点的小学生以及自治区环保厅"访惠聚"驻村点乌什县的小学生前来参观图书馆和新疆农业大学标本馆，合计人数近300人。通过参观让南疆的农民和农村的孩子们了解了大学图书馆，尤其是让孩子们对大学充满了憧憬，纷纷表示要好好学习，考上大学。而标本馆的展品不仅增长了农民和孩子们的科普知识，而且让他们对新疆的动植物资源以及新疆农业的发展有了更直观的了解。

4. 邀请专家走进田间和养殖圈，指导农民掌握农业实用技术

每次图书馆的老师去探亲时，都会邀请学校相关专业的专家教授一同前往，结合捐赠给农民的科普图书，在田间和养殖圈给农民面授农业科技，解决农民在种植和养殖中遇到的问题。每次农民的问题得到解决，他们都会露出开心的笑容，表示感谢。图书馆有的职工还给自己的农民朋友赠送作物种子、购买种兔，并结合有关科普读物，讲解耕种技巧，丰富农民的种植和养殖范围。

图 4　邀请专家走进田间和养殖圈，指导农民掌握农业实用技术

5. 宣讲政策，启发农民利用好的政策，靠劳动脱贫致富

每次去农村探亲时，图书馆的老师都会给农民宣讲党的政策和农业政策，以及新疆实现社会稳定和长治久安总目标的相关政策。主要宣讲了十九大精神、新疆相关会议精神和农业农村政策、中央一号文件等。通过图书馆老师们的宣讲，农民感恩党和党的好政策，对美好生活充满了期待，表示要充分利用政策，主动实现脱贫，不再向政府"等、靠、要"。

四、活动实施效果

利用当前新疆正在实施的全面脱贫的重要措施——"访惠聚"驻村工作和"民族团结一家亲"活动的有利时机，探索了高校图书馆的作用与新疆南疆贫困地区的脱贫工作相结合的方式，找准了以"扶志、扶智"为工作重点的方向。活动实施以来，受到了农民的欢迎，得到了驻村干部的肯定。

通过政策宣讲，增强了新疆南疆少数民族农民利用好的政策，靠劳动脱贫致富的信心。在一定程度上，助推了新疆农业大学"访惠聚"驻村点的农民精神面貌的改善，促进了农民观念的转变。

通过在新疆南疆农村贫困地区普及农业科技，帮助农民掌握了实用的农业科技。与专家面对面交流，解决了农民在发展农业生产时面临的问题，增强了新疆南疆少数民族农民靠农业科技脱贫致富的意识。在一定程度上，助推了新疆农业大学"访惠聚"驻村点的农民增产增收。

通过农民科普阅读推广活动，延伸了高校图书馆的功能空间。以请农民、农村孩子走进图书馆以及图书馆馆员走进农民家里双向互动方式，向农村、农民传播了先进文化和观念，在南疆农村营造了热爱阅读的氛围，尤其是在少数民族孩子们心中播下了"爱读书，读好书"的思想。

图 5　馆员带孩子们朗读

五、今后的活动设想

孩子是未来的希望，新疆南疆农村的乡村振兴关键在青少年。因此，本项阅读推广活动将在进一步完善现有的做法基础上，把在农村孩子中进行阅读推广作为重点，激发少数民族青少年学习科技的兴趣，引导他们树立为改变家乡落后面貌而努力奋斗的理想。

"创客集市"构建科普阅读生态群落

谢　群　常　盛（长春市图书馆）

一、案例概况

长春市图书馆"创客集市"起步于 2014 年 7 月，通过举办这类科普阅读推广活动来打造现代公共图书馆立体化阅读服务。该系列活动既不同于图书馆传统的讲座、沙龙活动，也不同于科技馆、博物馆的展览活动，而是通过集市的方式增强读者的体验感与参与感，让读者在休闲的氛围中缩小与科普知识的距离感，让读者零距离感受科技文化的魅力。这项活动受到了读者的追捧，得到媒体的广泛关注与报道。长春深处东北老工业基地腹地，文化发展相对于发达省份滞后。在资金、人员投入有限的情况下，"创客集市"这种以公益文化拉动文化产业、文化产业反哺公益文化的模式具有较好的示范意义。各方力量组成的生态群落有序发展，借助图书馆的智力资源逐步形成"产—学—研—发"的产业链条，一方面，实现了创客产品的初级孵化，另一方面，满足了读者对科普知识的文化需求。

在内容组织上，创客集市充分发挥创客们的创新优势，既有以 3D 打印、VR 体验、机器人等前沿科技为主要内容的"科技嘉年华"系列活动，还有以鱼类、菌类、中草药实物展示体验为内容的"你不知道的大自然"系列活动，也有涵盖天文、物理学、数学等领域的互动体验系列活动"青少年数字公益讲堂"。活动参与群体广泛，针对老年、青年、少年群体进行活动分众化设计，取得了较好的效果。

在项目发展上，长春市图书馆打破传统活动组织模式，以生态学为指导，充分发挥公共图书馆文化共建的平台作用，引入高校、科技企业、行业团体、培训机构、创业团队等组成庞大的文化内容生产者，庞大的用户群体成为文化消费者，进而形成循环共生的格局。通过邀请、宣传、带动、聘用、合作、志愿、展示、置换、冠名、政策倾斜、资金撬动等形式不断激发社会力量加入到"创客集市"。

在策划组织上，我们打破图书馆传统的单一性活动模式，以"案例"为组织单元，即每一场活动都是独立的活动案例，以多元化手法为不同题材量身打造不同的活动形式，包括分享形式的"真人图书馆"、展示集群化的"文化大集"、休闲游戏类的"问答大冲关"，仿照集市的理念，各类活动不拘泥于形式，在开放的空间中，带给读者更好的用户体验。

二、创意亮点

（一）以"集市"汇聚创客资源，普及科学知识

在"大众创业，万众创新"的时代背景下，以"创客"为代表的创业群体创造出大量具有科技含量的创新产品。一方面，无推广渠道的"创客"寻找社会接壤空间成为发展的必然，另一方面，市民难以在科技馆等公共文化场馆寻觅到相关科学知识的具体应用，这便形成了一对良好的文化供求关系，为"集市"的举办奠定了基础。

1. 为大学生创业团队助推

大学生创业团队是活跃在文化活动中的重要力量，他们科学理论基础扎实，参与社会实践活动态度积极，得到读者的广泛认可。我馆先后与长春师范大学、吉林农业大学等展开合作，通过精心的活动宣传设计，取得了非常显著的活动效果。

我们将大学生创新创业项目通过"集市"的形式进行集中展示，在市民零距离体验科技产品的同时，大学生创业团队对其中的科学原理进行讲解并回答提问。"怒发冲冠体验机""力学多功能展示平台"等一批创业项目在活动中被市民所熟知。

图1　读者零距离观察"力学多功能展示平台"

我们鼓励高校将实验室"搬出"校园走进市民之中，精心策划了走进大自然系列活动。其中，"蘑菇成长记"以食用菌知识普及为线索，将各种难得一见的菌类实体搬到现场，通过近距离的展示，向市民讲述菌类的成长过程等相关常识。李玉院士团队的最新研究成果"玉木耳"在活动现场引起了市民的广泛关注，上至培育原理，下至现场烹调品尝，得到了读者的热烈欢迎。

"一条游泳的鱼"鱼类科普活动将各种鱼类标本及图谱呈现在市民眼前，通过现场趣味问答、手绘鱼类图画等方式引导大家走进鱼类的世界。

图2　吉林农业大学黄权教授为小读者讲解鱼类标本

2. 为小型机构搭建平台

处于上升期的小型机构凭借优良的服务口碑、系统化的创业产品赢得了读者的喜爱。我们与科技培训机构联合开展了"科技冬令营"活动，通过搭建机械模型以及讲述常见机械模型及其内部原理，引发青少年对物理知识的兴趣。

图3　小读者搭建乐高机械模型

由于不少未成年人对电子产品上瘾，部分家长视计算机为"虎狼"，为了让孩子健康、合理地使用计算机，我们联合计算机学校开展了"少年数字公益讲堂"，普及计算机运行原理，甚至开辟青少年编程课程，通过可视化编程软件模拟八大行星运行、智能吸尘器，受到家长和孩子的热烈欢迎，活动预约一座难求。

图4　王东彪老师讲授青少年编程

小型机构通过活动，提升了自身的知名度，树立了良好的企业形象，获得了潜在用户群体，产业链得到了公益活动的反哺，更加激发了其投入公益活动的积极性。

（二）以"集市"调配资源，进行跨界创新

随着文化市场盈利模式的转变，公益文化活动与文化产业基础性免费化服务的界线越加模糊。参与公益性文化服务的用户的习惯和需求发生了较大转变，这从客观上要求对图书馆的公益文化活动进行提质、提效。为打造活动品牌，我们鼓励社会参与力量进行强强联合，以实现社会效益和影响力的最大化。

1. 活动形式上跨界创新

我们策划与科普书籍出版商、外语学校进行联合，在科普阅读推广中融入与外教练习英语口语、互动游戏等环节，这极大地提升了活动的附加值，丰富了活动内容，逐渐成为一种经典的社会力量协作模式。

图 5　外教在科普活动中融入英语口语教学

在活动形式上，我们推陈出新地举办了"科普阅读大冲关"活动，通过"社会培训结构＋专家"的跨界形式，以科普常识问答闯关、专家综述点评的方式激发读者对科普知识的兴趣。在活动方式上我们进行了创新，例如，飞行棋投掷骰子的闯关模式得到孩子们的喜爱。

图 6　科普常识问答闯关活动现场

2. 大型活动跨界借势

近年来，读者活动呈现集群化发展趋势。多个活动相互配合、扩大规模进行联合造势，形成较大的社会影响力，使市民享受一站式的文化体验。我们将"创客集市"结合其他文化体验进行升级组成"文化大集"，13 家文化单位齐聚长春市图书馆。市民既可以近距离观看 3D 打印、机器人等前沿科技，还可以接触大学生创业项目，又可以现场观看围棋对弈、古筝演奏等传统文化项目。活动得到媒体的广泛报道，其中的科普推广活动成为亮点。

（三）以"集市"带动前沿科技，进行分众化服务

现代科学技术日新月异，3D 打印、VR 技术、3D 阅读等成为热门词汇。为了让读者能够在图书馆中了解和体验到最前沿的技术，我们与创新企业、团队、创业孵化器形成资源共享联盟，分主题按时为市民服务。考虑到不同年龄层次，我们通过分众化的内容设计方式，分别为少儿、青年、老年进行服务。

1. 少儿群体成为科普推广活动主力

每周日，长春市图书馆创新创意空间人头攒动，针对少年儿童开展的 3D 打印活动都会如期与大家见面。从 3D 打印的原理到模型的设计，再到 3D 打印笔的体验，让孩子们充分享受 3D 创意打印的魅力。活动预告一经推出，报名席位很快便被一扫而空。为使更多孩子能够参与活动，每次活动都要加场。

2.青年人群偏好技能应用

青年用户群体对于科普知识具有较好的接受能力，他们不满足于浅显的知识体系结构。针对实际情况，我们开设了计算机公益讲堂，旨在提升青年群体的数字化科学素养。至今已举办讲座近百场。

3.帮助老年人走进数字化时代

随着互联网技术的快速发展，老年读者在实际操作现代化设备方面面临困难。针对这一特殊情况，我们开设了"乐龄数字公益讲堂"，为老年读者普及计算机、手机等其他现代科技知识。活动一经推出便得到了老年读者朋友的盛赞。

（四）打造新媒体平台，提升"集市"影响力

为扩大活动影响力，长春市图书馆组建了新媒体服务矩阵，通过微信公众平台、微博、QQ群、手机App、网站、今日头条、短信等新媒体平台实现活动的信息发布、预约、互动、分享、反馈、宣传、P2P传播等功能，将线上的便捷性与线下的体验性充分结合。同时，通过数字化技术实现管理体系的闭环控制，活动的各个环节在O2O的体系框架内得有效监督。通过多年建设，我馆新媒体矩阵已建立起垂直的内容营销体系，完成对用户习惯的培养，市民已经习惯在固定的时间、固定的方式、固定的栏目中获取我馆各类信息并参与其中，极大地增加了用户黏性，用户群体得到有效汇聚。"创客集市"全部活动已经完成O2O体系化改良，取得了显著的效果，并发挥了较好的示范作用。目前，长春市图书馆大多数的阅读推广活动借鉴这种方式在开展。

共建创新基地，培育未来创客

褚正东　张　珺　杨　秀（镇江市图书馆）

一、活动开展缘起

（一）时代背景

随着全球范围内创客运动的兴起和发展，打造创客空间、开展创客教育在国内也逐渐形成社会风潮。2016 年，教育部在《教育信息化"十三五"规划》中明确提出："有条件的地区要积极探索信息技术在'众创空间'、跨学科学习（STEAM 教育）、创客教育等新的教育模式中的应用，着力提升学生的信息素养、创新意识和创新能力。"2017 年国务院印发的《新一代人工智能发展规划》中也指出："实施全民智能教育项目，在中小学阶段设置人工智能相关课程，逐步推广编程教育。"这标志着创客教育正式进入国家层面的规划中。面对创客教育带来的机遇和挑战，承担着开展社会教育、提升读者素养职能的公共图书馆应基于实际，发挥优势，积极探索培养未来创客的路径和方法。

（二）现实条件

图书馆建设创客空间有着经费、人力、技术、设备等诸多限制，合作共建是目前最为普遍的建设和运营模式。2017 年 7 月，寓乐湾（镇江）科技体验中心（以下简称"寓乐湾"）以租用场地的形式入驻镇江市图书馆。作为国内青少年创客教育领军企业，寓乐湾凭借其强大的综合实力和广泛的影响力斩获了"2016 中国影响力科技创新教育机构"。为充分利用寓乐湾的人员和空间优势，达到互利共赢的效果，我馆联合镇江市全民阅读活动领导小组授予寓乐湾"全民阅读实践基地"的称号，并与其签订协议共建"文化宣传活动示范基地"，明确了双方的主要职责和义务，在"诚实守信、互利互惠、优势互补、共同发展"等原则的基础上，开展了一系列以青少年为服务对象、以创新科技教育为主题的文化宣传活动。

图 1　寓乐湾落户镇江市图书馆

二、主要活动

自"文化宣传活动示范基地"成立以来，我馆与寓乐湾共同举办了 10 场大型创客科技活动，活动类型包括讲座、演示、实操、才艺展示等，内容涵盖人工智能、机器人、3D 打印、微型机床加工、少儿编程等。下面对这 10 场活动进行简要介绍。

（一）"人工智能"主题活动

2017 年 8 月 4—5 日，我馆与寓乐湾在镇江苏宁购物广场开展了以"人工智能"为主题的讲座和演示活动，有超过 300 名读者参与了当日的活动。结束后我们为 139 名小读者安排了每人 6 次的创客教育体验，体验内容包括机器人套装、3D 打印、少儿编程等。

（二）"机器人时代"主题活动

2017 年 8 月 9 日，寓乐湾开业仪式后，我们举办了"机器人时代"的主题活动。在组织面向家长的创客教育讲堂的同时，我们还组织了 32 名小读者现场操作 3D 打印笔、进行微型机床加工和弹力小车颗粒件拼插等。

（三）"科技引领未来"创客体验活动

2017 年 8 月 25 日，我馆与寓乐湾、妈咪爱宝贝公益阅读社团联合开展第三次创客教育活动。30 组家庭共 76 人现场学习了摇摆广告牌和迷宫搭建，还见识了无人飞行机，体验了 VR 虚拟技术。

（四）"阅读 +"少儿积分兑换科技课程

2017 年 8 月除以上 3 次大型创客体验活动外，我们还将创客教育与我馆阅读品牌活动"阅读 +"少儿积分兑换课程绑定起来，进行"阅读 +"少儿积分兑换科技课程的相关准备工作。最终 103 名小读者用个人的阅读积分兑换了每人 6 次的科技课程，该系列课程 9 月正式开课。

（五）国庆中秋亲子科技体验活动

2017 年 9 月 30 日，为迎接即将到来的国庆节和中秋节，我们组织了国庆中秋亲子科技体验活动，有 150 余人参加了当晚的活动。活动内容包括以人工智能为主题的宣讲、科技知识答题、灯谜抢答、文艺表演以及以"玉兔登月"为主题的 3D 打印和机床加工演示。

（六）"书香伴我成长"小读者庆生会

2017 年 11 月起，我馆与寓乐湾计划每月第一个星期六举办一场"书香伴我成长"小读者庆生会，通过感恩互动、知识答题、有奖猜谜、创客演示等活动环节来宣讲科技知识，推广科技课程。截至目前，我们共举办了三场小读者庆生会，主题分别是 2017 年 11 月 4 日的"书香碰撞生日"、12 月 2 日的"冰雪奇缘"和 2018 年 2 月 3 日的"喜迎新年"，三场庆生会共邀请了 70 组家庭200 余名读者参与。

（七）少儿阅读推广之跳蚤书市闯关活动

2017 年 12 月 24 日，我馆联合寓乐湾在内的多家单位开展了以"辞旧迎新"为主题的少儿阅读推广之跳蚤书市闯关活动。在义卖、捐助、才艺展示等活动之余，我们还邀请了镇江市中山路小学和镇江外国语学校的 40 名学生现场体验 3D 打印和激光切割技术。

（八）"馆校联盟"之科技体验公益服务活动

2017 年 12 月 26 日，我们走进江苏科技大学附属小学，面向小学生举办了科技体验公益服务活动，内容涉及科普教育、3D 打印、微型机床加工等，参与学生达到了 630 人。

三、活动流程与实施要点

下面以"阅读+"少儿积分兑换科技课程为例，对我馆的创新科技教育活动流程进行详细介绍。

"阅读+"少儿积分兑换课程是我馆2016年推出的面向少儿读者的阅读推广项目，该项目依据一定标准将少儿读者的阅读行为量化为阅读积分。读者在我馆自主研发的积分平台上，消耗个人借阅证上的阅读积分，可兑换各类文化、艺术、体育、科技课程。目前我们已开设和正在开设的课程包括国际象棋、古筝、琵琶、书法、围棋、诵读、彩铅画、陶笛、硬笔书法、创客教育、吉他、乐理、茶艺、油画、搏击、国画、架子鼓、儿童画等。其中创客教育即我馆与寓乐湾合作推出的创新科技教育课程。

（一）组织科普活动，进行宣传推广

在筹备"阅读+"少儿积分兑换技术课程项目期间，我馆积极开展各类科普活动帮助小读者累积阅读积分。暑假期间我们一共组织开展了5场科普类活动，包括："设计未来图书馆"主题活动，以培养少儿读者的创意思维，提升他们的设计能力；"小小考古队"体验活动，通过3D全息影像的AR互动绘本技术演示和模拟发掘、清理、拼装恐龙化石模型等培养小读者分工协作、动脑动手能力，激发其对科学研究的兴趣；"3D互动立体书"少儿体验系列活动，以3D全视角方式赋予纸质书本动画、声音等多媒体效果，激发小读者的阅读兴趣；"宝宝智库"欢乐少儿行活动，帮助小读者了解馆内电子资源模块，提高馆内数字资源的使用率；"趣味国学"之智叟搜索主题活动，指导小读者正确使用搜索引擎查找资料。参加以上五次科普活动均可以获得阅读积分10分。

在开展科普类活动的同时，我们还推出了3次公益科技体验课程（具体可参看"二、主要活动"的前三项活动），并通过镇江文化广电新闻出版局网站、"文化镇江"微信公众号、我馆网站和微信公众号进行宣传推广，以吸引更多读者的关注和参与。

（二）合作实现创客教育课程兑换

通过前期的科普活动开展和宣传推广，最终103名小读者每人消耗了30个阅读积分通过报名审核，获得了兑换科技课程的资格。我馆和寓乐湾根据小读者年龄和课程难度开设了两个年龄班，其中 3—6 岁儿童共 43 人，分成 4 个小班轮流上课，其 6 次课程主要通过使用不同种类的拼插教具搭建望远镜、电话机、荷兰风车、公交车、旋转风车、救援机。7—15 岁少年班共 60 人，分成了 6 个小班，该年龄组的 6 次课程包括弹力小车、摇摆广告牌、电扇（编程）、scratch（迷宫）、3D 打印（绘画）和机床加工（卡通世界）。

图 2　小读者在学习微型机床加工课程

　　课程开设期间，我馆负责读者筛选和组织、协商确定开课时间和人员分组、跟进课程并收集反馈读者意见、与寓乐湾保持沟通协作以提高课程质量。寓乐湾则负责设计课程体系、安排课程内容、组织教学人员完成 6 次课程的开设。双方的人员合作和空间共享助推了我馆履行社会服务功能。

　　（三）利用馆藏资源开出科普书目

　　进行科技课程兑换并非该项目的最终目标。我们以"积分兑换科技课程"为桥梁，意图实现从科普活动到科普阅读的连接。据此，在科技课程开设期间，我们精心整理出了如下的面向少年儿童读者的科普书单，并通过授课教师向参与课程体验的小读者进行推广和介绍，鼓励他们从创新实践走向科普阅读，以科普阅读提升创新实践的能力。

表1 基于馆藏的儿童科普推荐书目

书 名	责任者	出版社	馆藏地	索书号
玩转数与形	鲍尔	科学普及出版社	少儿书库	O1-49/225.1
世界上最脏最脏的科学书	任淑英著、金二郎绘	中信出版社	少儿书库	N49/813
我的第一本地理启蒙书	郑利强	新世界出版社	少儿书库	K9-49/20
令孩子惊奇的72个科学异想	埃利希	中国海关出版社	中山路小学	N49/839
小牛顿科学馆	台湾牛顿出版公司编著	贵州教育出版社	少儿书库	N49/676
科学超入门 -4- 气体	田和英著、五智贤绘	化学工业出版社	润州区图书馆少儿借阅室	Z228.2/105
神奇校车	乔安娜·科尔、布鲁迪·迪根	贵州人民出版社	中山路小学	Z228.1/496
万物运转的秘密	大卫·麦考利、尼尔·阿德利	电子工业出版社	京口区少儿阅览室	O4-49/68
魔术的一半是科学	小多科学阅读丛书编译组	中国地图出版社	专业资料室	J828-49/7
体验科学家	苏茜·加兹利	科学普及出版社	润州区图书馆外界库	Z228.1/95
科学探索者: 科学探究	帕迪利亚	浙江教育出版社	润州农家韦岗街道韦岗村	G634.7/16-SQ
科学的旅程	雷·斯潘根贝格、戴安娜·莫泽	北京大学出版社	第二借阅室	N091/5
人类昂首奔赴太空的119个伟大瞬间	路甬祥	浙江少年儿童出版社	润州区图书馆外借库	V4/8-R
101个地球小实验	詹尼斯·范克里夫	上海科学技术文献出版社	第二借阅室	P-33/4
四大名著中的科学	隋国庆	湖北少年儿童出版社	少儿书库	Z228.1/224.6

四、活动总结与问题反思

（一）活动成效分析

"共建创新基地，培育未来创客"系列创客教育体验活动的开展，吸引了众多读者的参与，助力青少年的创新思维养成和创新能力提升，同时广泛传播了图书馆的服务，有助于塑造图书馆良好的社会形象。

根据统计，我馆与寓乐湾共同举办的10场科技体验活动共持续20个学时（40分钟为1个学时），接待小读者及家长2300余人次，累计服务3500余人次。其中的两次持续6个学时的创客体验课程让242名小读者有了深度参与和学习的机会。

该系列活动的服务对象为处于成长期的青少年读者，他们对世界充满了好奇心，对科技实践类活动尤其感兴趣。因此，在课程体验过程中，新奇的技术设备、丰富的课程内容和有趣的科学设计让参与的小读者保持了极高的专注度和投入度。活动现场除参与体验的小读者外，围观的小读者也是跃跃欲试，10场体验活动氛围非常热烈，更有家长提前询问报名下次体验课程。

（二）活动问题及优化策略

我馆的创客教育科技体验活动虽然取得了不错的成效，但也依然存在一些问题。如因缺乏创客教育相关人员和设备，我们过分倚赖寓乐湾方面，故活动中难以完全保持公益免费的性质，有较为明显的商业推广迹象；同样因为合作中我方优势的欠缺，导致开展的多数活动因学时不足而停留于"体验"，缺乏进一步深入的学习和探究；另外，活动与科普阅读之间的联系还有待加强，我们虽开出了一份科普书单，但后续欠缺更有针对性的阅读推广活动。

考虑到以上问题，在接下来的活动中，我

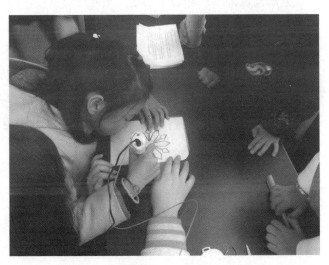

图 3　小读者围观 3D 打印体验活动

们会着力优化合作模式，尝试以购买服务、提供活动场地、承担活动组织任务等方式扩大合作中我方的话语权，努力保持图书馆活动的公益性质，为广大读者提供长期持续且更有质量的创客课程。同时，我们也在积极探索利用馆内人员、空间、计算机、打印设备等建设自己的创客空间。针对活动与科普阅读联系不够的问题，我们打算在少儿馆和流通部各开设一个科普专题书架，方便读者浏览和借阅，并计划开展科普讲座、模型展览、知识竞赛等活动进行图书推介和导读。

五、创意亮点

（一）把握时代趋势，履行社会职能

21 世纪以来，在新技术革命与新工业革命的背景下，创客文化与创客运动开始被视为经济社会转型发展的重要驱动力量，集创新教育、体验教育、项目学习为一体的创客教育也成为当代世界教育改革的发展方向。我馆与寓乐湾合作推出一系列创客教育科技体验课程就是对时代发展趋势的敏锐把握，也是图书馆践行社会教育职能的重要体现。该系列课程注重学习过程中的创造、合作、探究与分享，契合了小读者富有好奇心和创造力的天性，在激发其科学探究兴趣的同时，也培养了其科学创新的能力。

（二）注重社会合作，实现优势互补

开展阅读推广活动是图书馆义不容辞的责任，但仅仅依靠图书馆的力量是不够的。"共建创新基地，培育未来创客"系列活动的开展开启了我馆与社会机构深度合作的新篇章。通过共建"文化宣传活动示范基地"，我馆与寓乐湾达成了合作共识，建立了长效合作机制，利用各自的优势和长处共同举办了 10 场大型创客教育科技体验活动。接下来，随着更多活动提上日程，这一数字还会有所提升。当然，在保持长期合作的同时，我们也非常注重合作深度的挖掘。

（三）利用馆内资源，强化活动联系

图书馆进行资源整合可以扩大资源利用率、提升服务效能。我馆的"共建创新基地，培育未来创客"系列活动即运用了资源整合的理念，将创客教育科技体验活动与我馆已有的"阅读 +"少儿积分兑换课程项目联系起来，以成熟的阅读推广品牌带动新的阅读推广活动，同时用有吸引力的活动为已有的品牌注入新活力，实现图书馆各类阅读推广活动之间的有效联动。

"创意空间站"项目

张　露（太仓市图书馆）

一、项目背景

近年来，太仓市图书馆面向未成年人开展了众多丰富多彩的科普活动，采取馆内馆外相结合的方式，对外有科普讲座、展览进校园、组织学生参观科技馆、城市规划馆等活动，对内阵地服务上我馆打造了品牌项目"哇哦"科学实验室。2017年我馆在科普领域中有了更大的创新与突破：联合太仓机器人学会共同打造全新品牌"创意空间站"项目，让学生接触到更前沿的科技，提升他们的想象力、创新能力，为祖国培养创新型人才添砖加瓦。

我馆希望通过开展"创意空间站"项目，在青少年中普及科技知识，引导青少年参与科技实践，鼓励青少年爱科学、学科学、用科学，培养创新精神与能力；为广大青少年提供更多的科普活动场所，提高青少年的科技素质和动手能力；把科技创新教育融入图书馆的活动中，切实增强学生的创新精神和创造能力，引领孩子们向更宽、更先进的科技领域学习和发展。

二、项目设计

"创意空间站"项目是以"科技陪伴成长"为理念，联合中科院上海技术物理研究所专家及研究生专门为8—14岁青少年举办的创新实践主题活动。参加学生以体验创客造物活动、动手制作科技小玩具为主，活动每月一次，利用3D打印等现代化设计工具、自制电子积木等，同时结合机器人及智慧生活等主题，参与系列创新实践活动。这种实践性教育活动锻炼了学生的动手操作能力。

项目特点是增强与青少年的互动和交流。该项目不仅有指导老师的专业讲解，使同学们了解到科学知识，而且注重互动参与性，增加了许多动手的内容来让同学们亲身体验科学的奇妙和创造的乐趣。

三、实施要点

（一）专业人才的支持

"创意空间站"项目是与太仓市机器人学会共同合作开展的。太仓市机器人学会成立于 2014 年 3 月，主要业务是组织开展与机器人相关的宣传、研究、讲座、培训、竞赛及交流等活动，为太仓市各相关政府部门、组织、企业架起机器人产业发展的桥梁。学会坐落于大学科技园五号楼，有专门的创新实践基地，不仅为青少年提供各类精彩的讲座、表演，还有固定翼飞机和远程可视车可让青少年过足手瘾，更可以让青少年亲自设计、制作各类电子小器件，体会科技的魅力，从而提升青少年的综合素质。

"创意空间站"的讲师团体由机器人学会成员担任，汇集中科院上海技物所多名专家及研究生，专家团队学历层次较高，技术方向明确，以创客教育模式激发少年儿童的创意灵感，提升学生科学探究能力及团队合作精神。

图 1　专业老师正在讲解投影仪原理

（二）功能升级的硬件设施

"创意空间站"设在太仓市图书馆二楼多媒体影音室，我们将原影音室进行了升级改造，增添了设施设备，将其作为创意空间站固定场地。改造后的场地分为四个功能区：投影区、作品展示和存放区、中央工作区、工具区。

（三）活动流程

1. 宣传发动（2017年1月）

一是前期在学生群体中进行问卷调查，了解他们的需求及爱好，站在学生的角度制定出切实可行的活动方案。二是与合作单位进一步明确活动重点和实施内容。图书馆方面成立专门的项目小组进行活动策划及宣传工作，明确开展过程中的任务、职责，推动宣传管理工作有序开展。前期准备落实后，下一阶段就是全面开启宣传工作，包括馆内外悬挂海报、电子屏海报，利用微信公众号及微博推送相关信息，并通过当地的媒体进一步扩大宣传面，提升影响力。

2. 前期策划（2017年2月）

成立专门的项目小组，由专人负责，小组由总调度、项目组长、项目成员组成。前期与合作单位联系沟通，制定完整的活动规划，做到有目标、有计划、分阶段的实施和推进。在活动设计中力求节约、简化制作步骤，不求大、求多，在主题形式上下功夫，在制作上求精，充分体现活动意义。在实施过程中不断改进、完善活动形式和内容，争取每项工作做到制度化、规范化，建立标准统一、形式规范的档案，做到资料齐备、完整、真实。

3. 活动开展（2017年2月—2018年2月）

2017年项目成立至今共开展了10期主题活动，包括"缤纷万花筒""3D打印与机器人""自制VR眼镜""雨水报警器""全息投影""制作小型验钞机"以及"神奇的热缩片"等主题，参与人数达225人次。

表1　创意空间站活动一览表

日　　期	活动名称	参与人数
2017-3-26	是我的星星	20
2017-4-18	自制VR眼镜	20
2017-5-18	3D打印与机器人	20

续表

日　　期	活动名称	参与人数
2017-6-22	缤纷万花筒	20
2017-7-21	自制投影仪	20
2017-8-25	制作温暖热缩片	20
2017-9-19	雨水报警器	20
2017-10-20	全息投影	20
2017-11-17	制作小型验钞机	20
2017-12-17	手作圣诞贺卡	20

图 2　制作温暖热缩片活动现场

图 3　小朋友制作"投影仪"成品展示

四、项目成效

活动反响达到预期效果。这项活动得到了家长小朋友的一致好评，当地媒体《太仓日报》、太仓电视台也相继报道。这些充满探索性的科技活动，让科技真正地"接地气"。图书馆联合社会力量，优势互补，营造科普氛围，从而达到全面提高青少年科学素质的目的。精彩纷呈的主题活动增加了学生的科学知识，提升了学生对科学的兴趣与热爱，拓展了他们的学习空间、培养创新意识，充分发挥了图书馆在科技创新实践活动领域的作用。

乡村留守儿童科普阅读推广活动

颜弟花（衡阳市珠晖区图书馆）

乡村学校留守儿童问题是社会城市化和农村劳动力转移过程中出现的重大社会问题。留守儿童的健康成长、有序社会化和正确教育，成为摆在基层教育者面前的难题。大量留守儿童从小缺乏良好的教育引导，加之升学的压力，使他们在提升阅读能力的过程中受到过多的干扰和不良影响，阅读困难现象十分普遍。解决这个问题，需要家庭、学校、政府和社会等多方面的共同努力。图书馆作为保障人民群众基本文化权益的公共文化服务机构，是学校教育的扩展与延伸，是重要的社会教育阵地。面对乡村留守儿童问题，基层图书馆更应当充分发挥其社会教育职能，用健康的精神食粮关心帮助农村留守儿童的成长。衡阳市珠晖区图书馆自 2016 年开始面向乡村留守儿童开展阅读推广活动，帮助这些孩子走出阅读困境、消除阅读障碍。

一、乡村学校留守儿童教育现状

（一）教育主体角色缺失

儿童时期是一个人智商、情商、道德发展的关键时期。这一时期，促进儿童道德发展的主要执行者是父母，父母的素质在很大程度上影响着孩子的素质。留守儿童与父母分离，在情感上缺少健全的关爱和良好的沟通，容易产生心理障碍，如感情脆弱、自暴自弃、焦虑自闭、缺乏自信、悲观消极等。

（二）学校教育乏力

由于家庭原因和户籍制度原因，很多留守儿童的义务教育无法得到充分保证，失学、辍学的情况屡见不鲜。加之很多乡村学校对留守儿童的教育管理存在缺陷，盲目追求质量，对于学生的生理、心理问题很少顾及。而且我国农村教师的起点相对较低，很多是由民办教师转正而来，教学能力和整体素质偏低、教育观念陈旧，无法从根本上帮助学生走出困惑和误区。再加上教师的工作任务重，每个班的学生数量又多，教师无法充分关心到每一个学生。

（三）隔代教育力不从心

留守儿童家庭隔代教育占半数以上，而隔代监护人往往文化程度偏低、思想观念落后、重养不重教、重物质轻精神，一般采用温饱式的、粗放式的教育，难以进行精神、道德上的教育和引导，致使留守儿童的学习得不到有效的督促和引导，孩子的心理需求和个性发展往往被忽视，容易导致留守儿童世界观、人生观和价值观的畸形化，不利于儿童的健康成长。加之儿童本身自控能力较差，难以抵御现代社会中的不良诱惑，厌学、逃学甚至辍学的现象时有发生。

二、图书馆开展乡村学校留守儿童阅读推广的重要性和意义

阅读关系到个人的成长、发展和心智健全，同时也与国家竞争力和民族前途相联系。图书馆作为公共文化服务机构，社会教育是其责任之一。向乡村留守儿童推广阅读，培养他们对阅读的兴趣，帮助他们养成阅读习惯，就是为他们的身心健康成长引路，为他们认识世界、了解世界打开一扇窗。帮助他们形成良好的阅读习惯，不仅可以促进心理发展、提高学习能力、拓宽知识背景，还可以培养健全的人格和积极的心态。对公共图书馆自身而言，开展乡村留守儿童阅读推广工作，是帮助弱势群体消除阅读障碍、促进全民阅读的具体行动，亦体现了公共图书馆的核心价值。

三、珠晖区图书馆乡村学校留守儿童科普阅读推广实践

珠晖区图书馆位于衡阳市东部，全区义务教育阶段的乡村学校有学生 1.2 万人，一些乡村小学的留守儿童高达 40% 以上。珠晖区图书馆通过在留守儿童较集中的乡村小学建立外借点，采取定期配送图书、开展读书宣传、举办读书活动等方式，为农村留守儿童创建宽松、自由、和谐的阅读环境，搭建便捷、平等的学习平台。

阅读推广不仅仅是让读者坐在椅子上捧着书看，还要有针对性地开展各种形式的活动，把读者引进阅读之门。处于成长阶段的乡村留守儿童有对知识的渴求、对美好事物的向往和结交伙伴的需要，丰富多彩的读书活动是引导他们阅读的最好方式。珠晖区图书馆每年到外借点送书，组织网络科普知识竞赛、讲故事大赛和各种益智游戏活动，吸引大批留守儿童参与到阅读活动之中。截至 2017 年底，珠晖区图书馆已组织"花蕊阳光"科普阅读推广活动，科普知识"自阅自评"知识问答活动，"红星闪闪耀童心"连环画展、知识竞赛，"我阅读我快乐"、"我最喜爱的童书"评选等各种读书活动，丰富了乡村学校留守儿童的学习生活，使他们通过读书活动获得了更多知识，提升了自信。特别是"我最喜爱的童书"评选表彰活动的开展，更提升了农村留守儿童参与读书活动的积极性。

图 1　珠晖区乡村学校"花蕊阳光"科普阅读推广活动

图 2　"红星闪闪耀童心"阅读推广活动

为激发留守儿童的阅读兴趣，培养他们良好的阅读习惯，提高他们的阅读能力，引导他们健康阅读，珠晖区图书馆 2016 年 9 月制定"珠晖区乡村学校花蕊阳光科普阅读推广活动"方案。截至 2017 年 12 月，我馆在全区乡村学校举办活动 11 场，参加活动的农村学生达 5000 余人。具体做法如下：

1. 寻求支持与合作，为活动找到资源。我馆与区红十字会、校外活动中心、区残联等单位进行合作，每场活动现场我们都会送出以科普内容为主的图书 300 余册，11 场活动共送出 4000 余册图书。同时，乡村学校科普阅读推广活动的长期举办需要丰富的志愿者资源。我们招募了大量的志愿者，他们都是来自高校的大学生。他们用故事、小品、歌舞等不同的形式给乡村学校的学生进行科普知识的推广，同时还会让活动现场的学生进行科普知识抢答，适时做一些小游戏，增加互动，大大提高了活动的趣味性。

2. 定期定点举办，使之成为一种常态。从 2016 年 9 月至 2017 年 12 月在全区乡村学校举办 11 场科普阅读推广活动，每场活动时间为 2 个小时左右。

图 3　珠晖区图书馆内举办科普知识"自阅自评"知识抢答活动

3. 送证进校园。每场活动我们都会在现场免费办理图书馆借阅证，并有志愿者与乡村学校的留守儿童进行交流，了解他们在学习、生活和身心健康等方面存在的问题，我们会定期对有问题的孩子进行跟踪服务。

图 4 给乡村学校留守儿童免费办借阅证

四、分析与总结

此项活动以帮助乡村学校孩子们的健康成长为宗旨，以提高他们的科学知识为目标，以动员组织全社会关爱乡村学校的孩子们为重点，本着"真诚、真心、真爱、真行动"的原则，通过开展活动，进一步向公众展现了图书馆行业的整体价值，扩大了图书馆的影响力，切实提升了图书馆阅读推广工作的层次和服务水平，发挥了图书馆的引领示范作用。

基层图书馆是生存在民众身边、最贴近百姓生活的图书馆。尽管公共图书馆是向全体公众免费开放的，但仍然有相当多的人因种种困难而无法走进图书馆享受阅读的快乐。面对这些处于阅读困境的特殊群体，图书馆必须坚持不懈地开展阅读推广工作：不仅要打开大门消除门槛让更多读者走进来，更要扩展服务主动走出去帮助他们。

金陵图书馆科普联盟人工智能机器人系列活动

徐昊丰　朱　静　纪景超（金陵图书馆）

近年来，随着全民阅读事业的不断发展，公共图书馆科普阅读推广工作也得以不断加强。金陵图书馆作为南京市级公共图书馆，近年来也在科普阅读推广工作中不断开拓思路，通过社会多元合作，整合资源渠道，聚焦前沿热点，以金陵图书馆科普联盟为平台，以紧跟前沿热点的系列科普阅读推广活动为抓手，积极推动本馆科普阅读工作的开展。

一、金陵图书馆科普联盟聚力社会多元合作

（一）金陵图书馆科普联盟成立背景分析

金陵图书馆多年来坚持开展形式多样、内容丰富的科普阅读推广工作，但相关工作往往分散在科普宣传周、寒暑假期等时间段，由不同部门负责，融合在讲座、少儿活动、专题书架等活动中，既难以形成合力，也由于缺乏持续性而难以形成品牌。

近年来，随着党和国家日益强调和重视科普工作、科技创新，社会上有越来越多的力量参与到科普工作中来，并通过各种方式，在各自擅长的领域和方面，与公共图书馆在科普阅读推广工作中相交织、相融合。

由此，我们萌生了这样一个想法：建立一个开放性的、整合社会各界力量的、通过合作促进共建共赢的组织，以此来打造金陵图书馆科普阅读推广品牌和平台。

（二）金陵图书馆科普联盟的构成和运行机制

经过充分的调研和准备，2018 年 1 月 28 日，金陵图书馆科普联盟正式成立。联盟由金陵图书馆和南京晓庄学院信息工程学院共同发起，成员单位囊括了中小学、科学技术普及、科学教育和社会文化机构，南京本地知名自媒体等

多元社会力量，首批联盟成员单位共 14 家。联盟作为开放性的组织，在今后的科普阅读推广工作中，还将依据自愿原则，有针对性地纳入新的成员单位。

图 1　金陵图书馆科普联盟启动仪式

金陵图书馆科普联盟在科普阅读推广工作中，建立起成员单位间的日常联系机制，由金陵图书馆资源开发部为主要负责部门，以微信工作群、QQ 工作群为联系纽带，每个成员单位指定一名负责人参与科普阅读推广活动创意交流、日常工作联系、活动宣传、组织与对接等工作。

在日常的活动策划组织上，金陵图书馆科普联盟每年以一至两个专题系列为主线，每月安排两至三场活动，以科普纪录片、专题片、电影展映，科普讲座（线下、线上），科普展览（线下、线上），创客和科学体验活动等形式开展科普阅读推广活动。

二、"人工智能机器人"系列活动聚焦热点前沿

科普工作涉及的领域广，分支多。作为科普工作的重要组成部分，科普阅读推广工作亦是如此。探索如何在广泛的领域和分支里选择读者关注度高、参与性强的专题，并将该专题系列化形成整体优势，这既是科普联盟的成立的初衷，也是阅读推广活动品牌打造的必经之路。

（一）"人工智能机器人"系列活动初创背景

2017 年 12 月，第二届世界智能制造大会在南京举办，大会上，人工智能这

一当下热点话题再次成为全球瞩目的焦点。仅仅一个月之后，南京市又正式出台了围绕科技创新、聚焦战略目标的《关于建设具有全球影响力创新名城的若干政策措施》。一时间，人工智能、机器人等关键词不断出现在各大传统媒介、网络和自媒体上。因此，我们紧扣当下热点前沿，在未来应用广泛的"人工智能"领域，选择了最容易为未来科技创新主体——青少年所接受的机器人作为专题，以"人工智能机器人"为2018年金陵图书馆科普联盟科普阅读推广活动的主线。

（二）"人工智能机器人"系列活动成效分析

自2017年12月至2018年3月底，金陵图书馆科普联盟已举办"人工智能机器人"系列活动13场，包括电影赏析、讲座、手工沙龙、自办展览等形式，参与活动人数累计近6000人次。

表1　金陵图书馆科普联盟"人工智能机器人"系列阅读推广活动一览表

序号	日　　期	活动主题	活动地点	参加人数
1	2017年12月10日	电影赏析《机器人总动员》	金陵图书馆视听室	89
2	2017年12月17日	电影赏析《超能陆战队》	金陵图书馆视听室	92
3	2017年12月24日	反斗机器人手工沙龙	金陵图书馆多功能厅	75
4	2018年1月14日	电影赏析《机械公敌》	金陵图书馆视听室	53
5	2018年1月15—31日	从虚拟到现实——人工智能机器人专题展	金陵图书馆展览厅	3189
6	2018年1月28日	"金陵图书馆人工智能科普实践基地"揭牌仪式	金陵图书馆多功能厅	45
7	2018年2月4日	亲子课堂：电动旋风赛车	金陵图书馆多功能厅	42
8	2018年2月11日	电影赏析《铁甲钢拳》	金陵图书馆视听室	92
9	2018年2月10日—3月10日	走近科学——机器人世界科普展	南京市鼓楼区图书馆	2037
10	2018年3月10日	电影赏析《人工智能》	金陵图书馆视听室	74
11	2018年3月18日	"人工智能在未来城市中的运用"讲座、沙龙活动	金陵图书馆艺术设计阅览室	38
12	2018年3月24日	仿生蜘蛛机械人的制作及竞赛	金陵图书馆多功能厅	29
13	2018年3月24日	小小创客之涂鸦机器人	金陵图书馆多功能厅	22

图 2 "人工智能机器人"系列活动——涂鸦机器人制作

图 3 "人工智能机器人"系列活动——制作太阳能小火车

图 4 "虚拟与现实——人工智能机器人展"

1.注重活动参与主体的兴趣和参与度

由表 1 可以看出,"人工智能机器人"系列活动紧扣主题,同时注重活动参与主体——青少年的兴趣和参与度,在活动形式上以侧重寓教于乐的手工活动和电影沙龙为主。自办展览"从虚拟到现实——人工智能机器人专题展",分虚拟篇和现实篇两部分。虚拟篇介绍历年拍摄的有关人工智能机器人的影视作品,代表着当时技术条件下人类对于人工智能的憧憬和想象;现代篇主要介绍当代已经融入工业生产、日常生活的人工智能机器人。展览图文并茂，深受广大读者，特别是青少年读者的喜爱。

2. 整合科普联盟内部资源，形成合力

"人工智能机器人"系列活动是金陵图书馆科普联盟充分调动、整合各成员单位优势资源的成果。两项自办展览由金陵图书馆馆员策划、编排，充分发挥了公共图书馆信息资源检索、加工的专业优势；电影赏析播放的影片目录，则是精选在展览虚拟篇内所展示的 72 部影视作品中的经典佳作；手工活动和讲座则全部由联盟内的成员单位参与策划、执行；与南京晓庄学院信息工程学院共建的"金陵图书馆人工智能科普实践基地"更是把馆校合作扩展到了公共图书馆科普阅读领域，并聘请中国人工智能学会理事、中国自动化学会机器人竞赛工作委员会常务委员林锦国教授为专家导师，为日后的科普实践活动提供专业保障。

3. 强调从馆藏资源与阅读本身出发

公共图书馆搭建的科普阅读推广平台，其相关活动理应从馆藏资源和阅读本身出发，这既是公共图书馆的资源优势，也是与社会上其他类型科普活动的区别所在。在"人工智能机器人"系列活动中，电影赏析所播放的影片主要源自馆藏视听资源。点评嘉宾——南京大学亚洲影视与传媒研究中心的研究员慈祥老师在从影视研究角度剖析人工智能机器人的同时，也会向到场的读者朋友推荐一两本他在"备课"时参考的书籍。而在手工沙龙活动中，我们也要求讲课老师向参与活动的青少年和家长积极推介相关主题的科普书籍。

4. 注重活动成效反馈收集

在举办"人工智能机器人"系列科普活动的过程中，我们也注重倾听参与读者的意见、建议。在活动举办期间，通过不定期的抽样问卷调查，了解读者对活动前期组织、中期执行、后期效果的满意度，并根据问卷的分析结果和读者意见、建议对活动进行改进和提升。

在系列活动中，我们总计发出 45 份调查问卷，回收整理后，得到有效问卷37 份。从调查问卷的结果来看，"人工智能机器人"系列活动得到了参与活动青少年和家长的一致好评，希望能长期开展。同时，对于沙龙活动人数问题，大部分家长和孩子都希望控制在 15 人左右，这样既有浓厚的学习氛围，也便于孩子和指导老师的沟通交流。我们在后期的活动中也逐步对参与人数进行了调整。

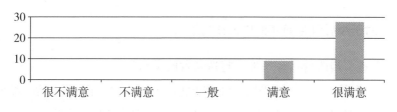

图 5 读者参加完活动后的整体感受

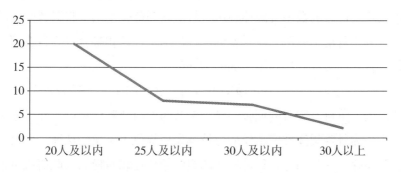

图 6 读者对于参加活动合适人数的选择

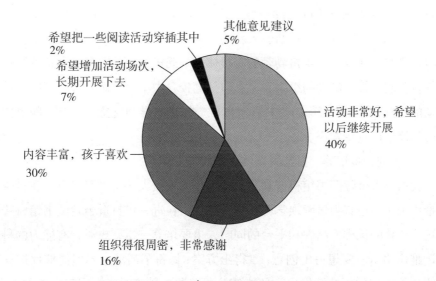

图 7 读者对于今后活动开展的建议、意见

为了把"人工智能机器人"系列科普活动办得内容更丰富、品质更优秀，让科普联盟与读者的沟通交流更紧密，我馆还建立了金陵图书馆科普 QQ 群，邀请参与者扫码加入。

三、对于今后科普阅读推广工作的思考

（一）进一步改善馆舍条件，打造科普阅读空间

目前，我馆已通过金陵图书馆科普联盟实现了科普阅读推广活动策划、组织、执行层面的整合，但是由于馆舍条件限制，我馆还没有专门的科普阅读空间。下一步，我馆拟将位于我馆二楼的艺术设计阅览室进行适当的调整和改造，结合该阅览室已有的数字资源体验区，打造科普阅读空间，将科普阅读的相关书刊进行分主题集中展示，与科普阅读推广活动场地相融合，为科普阅读推广工作提供良好的硬件条件和温馨的阅读环境。

（二）进一步壮大、提升金陵图书馆科普联盟的实力和影响力

金陵图书馆科普联盟的创新尝试，为我馆的科普阅读推广工作带来了强大的助推力，为科普阅读推广工作的可持续发展提供了坚实的保障。但是，我们也要看到还存在一些问题。目前联盟的组织架构还相对松散，联盟成员单位还不够全面。下一步，我馆作为联盟发起单位，应进一步完善科普联盟的准入与运行机制，细化成员单位的权利与义务；积极争取省、市科协等权威单位的政策支持，壮大联盟规模，不断引入新的、有实力的社会力量，最终把金陵图书馆科普联盟打造成一个生机勃勃的有机体——既包括公共图书馆和各种社会力量等科普阅读推广活动的组织者，也包括高校、中小学、读者等科普阅读推广活动的受众；既有政府部门为科普阅读推广提供指导和支持，也有新闻媒体为科普阅读推广宣传发声。

（三）进一步培养、打造科普阅读推广专业队伍

我馆负责金陵图书馆科普联盟日常工作的人员大多是半路出家，在科普阅读推广工作中还有很多亟须学习和提升之处。在进一步打造金陵图书馆科普联盟这一科普阅读推广品牌和平台的同时，也要培养一支有想法、有能力的科普阅读推广团队。要想得出创意；拿得出方案；做得了活动。不但能够促进科普联盟相关工作的可持续发展，还能使馆藏资源在科普阅读推广工作中更深入、更广泛地得到开发利用。

（四）进一步开阔视野、增强与业界的交流学习

金陵图书馆科普联盟为我馆在南京市区开展科普阅读推广工作打下了坚实的平台和品牌基础。但是，我们也要清醒地认识到，我馆在科普阅读推广工作

中，与国内许多兄弟馆相比，还有很大的差距，还有很长的路要走。因此，在把金陵图书馆科普联盟这一平台和品牌进一步做精、做大、做强的同时，我们也要不断开阔视野，放眼全国，积极加强与科普阅读推广工作开展得有特色、有成效的公共图书馆之间的横向联系，通过学习先进理念和经验，联合举办科普阅读推广活动等，取长补短，切实提升我馆科普阅读推广工作的水平和成效。同时，我们也将积极争取中图图书馆学会阅读推广委员会科普阅读推广专业委员会对我馆科普阅读推广工作的专业指导，积极参与科普阅读推广方面的各项工作和活动。我馆也会在今后的工作中，不断完善和提升金陵图书馆科普联盟这一平台和品牌，使其在科普阅读推广工作中发挥出更大的作用，取得更好的成效。

图书馆携手青少年探秘科学世界

查一辛（苏州工业园区独墅湖图书馆）

一、活动概况

习近平总书记曾经说过："科技创新、科学普及是实现创新发展的两翼，要把科学普及放在与科技创新同等重要的位置"。作为江苏省级科普教育基地的苏州工业园区独墅湖图书馆，其科普工作的开展以高士其科普作品创意大赛塑造图书馆科普品牌形象，聚焦科普阅读资源的推广，挖掘青少年的科技创意，同时结合苏州工业园区产业发展的方向，促进创意向创新产品的转化，推动青少年科学知识的学习与科学素养的提升。

二、主要活动

（一）科普大赛，树立图书馆科普品牌形象

2017年6月，第九届高士其科普作品创意大赛获奖作品展在苏州工业园区独墅湖图书馆举行。比赛以"虚拟视野中的科学世界"为主题，要求参赛者自主设计验证试验，展开课题研究，展现课题研究的思路、过程和结果，最终利用 AR 或 VR 技术呈现参赛作品。

大赛得到了社会各界人士尤其是青年学生的积极响应。来自苏州全市 30 所中小学的 1590 名学生报名参赛，提交了各类作品 294 件。经主办方组织专家评审，59 件优秀作品脱颖而出，同时专家团队还评出了 9 个优秀组织单位和 9 位优秀指导教师。

2018年是高士其科普作品创意大赛启动以来的第 10 个年头。大赛以科普征文、绘画、FLASH 等参赛形式为主，要求参赛者学习高士其先生的生平事迹，在充分阅读理解高士其先生科普作品的基础上，结合自身学习、工作，围绕不同主题，开展科普作品创作。历届大赛的主题有纳米科技、未来城市交通、智慧家庭、空气净化、人工智能等。10 年来，大赛吸引了 1.76 万人次参与其中，累计有 490 多所中小学组织学生参赛，共评出个人和组织奖 685 项。这项赛事也成为传播中国科普之父高士其精神的重要载体，作为大赛授权方，高士其之子、中国科普研究所高士其基金会会长兼秘书长高志其在第十届科普大赛颁奖期间接受《新华日报》记者采访时说，虽然父亲的身影已经远去，但令人欣慰的是，他终身不懈地传播、普及科学文化的精神还将代代相传，吸引着越来越多的青年人爱上科学。

图 1   2017 年 6 月，第九届高士其科普作品创意大赛颁奖仪式

（二）挖掘点子，让青少年创意转化为创新产品

头顶太阳能板，吸收了太阳能即可工作；内置全自动程序，具有自动识别功能，可以进行植物培育……这一人工智能"护花使者"是金鸡湖学校初一学生徐莘越的创意。第一次参加高士其大赛，"科技性"与"想象力"的结合让她充满期待。"'护花使者'的灵感来源于我平时栽种花花草草的经历，它可以在花园、室外、公园等场地使用，具有效率高、环保、节能等优点。"

兴趣是最好的老师，孩子们的想象力非常丰富。在发现问题后想出解决方案，在过程中鼓励孩子去探索研究，这无疑是最好的学习方式。

2017 年 11 月，苏州市科协与苏州市教育局共同发布了《关于举办苏州市第十届高士其科普作品创意大赛的通知》，大赛以"创意改变生活"为主题，要求参赛者细心观察生活、发现问题，通过调研、检索相关资料，提出创新解决方案，最终提交创意产品设计方案。

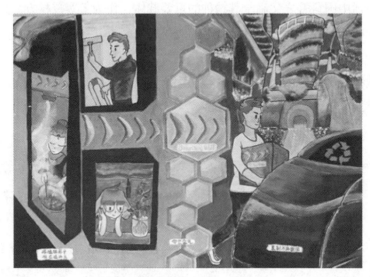

图 2 "会呼吸的大楼"设计创意

与此同时，图书馆积极谋求与设计公司、科技企业合作，将孩子们的科普创意作品转化成产品。这并非异想天开，曾经一位孩子设计的"会呼吸的大楼"作品，启发了苏州贝昂科技有限公司关于"无霾教室"的创意，进而开发出了相关产品。还有孩子设计了具有净水功能的汽车，能够将地上的污水、空中的雨水收集起来进行净化。贝昂的工程技术人员也将这一类的创意元素吸收到产品中，努力用最经济的方式将孩子们的想法变成现实。

（三）阅读为本，打开青少年科技启蒙之门

作为区域公共图书馆，园区独墅湖图书馆一直视"推广阅读"为己任。图书馆拥有非常多的纸质与数字阅读资源，再加上与各级科协、企业、社会机构等建立了比较广泛的联系，因而搭建起了以科普阅读为基础，联动各类机构，融"赛、创、讲、展"于一体的科普平台。

目前，园区独墅湖图书馆拥有 1 个总馆、20 家分馆、12 家社区阅览室、17 个自助投递点、40 家阅读联盟、2 家教育分馆、5 家科普惠民站、13 家企业阅览室等 125 个服务网点，以总分馆体系为基础，以社会力量为支撑，打造了一张覆盖全区的科普网。为深化科普服务，园区独墅湖图书馆还以金益社区等为试点打造了科普特色阅览室，并不定期举办科普读物推荐、科普绘本导读、科普知识讲座等各种活动。

（四）产业结合，调动科技工作者科普积极性

园区独墅湖图书馆联合区内科技创新企业，调动科技工作者对于科普工作的积极性和参与度，邀请行业领军科技人才，围绕产业热点、最新科技成果、基础科普知识等内容，打造了"领军人才话科普"系列讲座。自 2014 年开办至今，已举办 23 期公益科普讲座，活动先后走进 15 所学校、5 个社区，参与活动人数达 5200 余人次。

（五）探究学习，培养青少年发明家

2017 年 6 月，在图书馆发布了青少年发明家招募计划及培养课程。该项目共招募 30 名成员，开设一系列科技课程，通过专业辅导和培训形式，让青少年们学到更多的科学知识，并将他们的研究成果以申请专利的形式呈现出来，为园区的科技创新贡献力量。

可以养成好习惯的智能书包、清洁高效的磁力风车发电机、能在水里和陆地自由驰骋的水陆汽车……8 月 25 日，近 30 名园区青少年发明家齐聚苏州园区图书馆，一一展示他们的项目创意，领略科技的独特魅力。

图 3　园区青少年发明家培养项目

  传统的科普形式侧重于讲座、展览等静态方式，园区独墅湖图书馆则充分利用资源，进行"实践中的科普"，引导青少年在动手制作的过程中主动探索，引导探究性的学习。早在 2015 年，园区独墅湖图书馆将高士其科普教育基地进行了改建，为青少年科普"量身打造"了众创空间。图书馆不只是一个组织活动的空间，同时这里还有着巨大的学习资源库。我们在众创空间里设置了科技项目体验、机器人培训、"爸爸玩什么"等一系列活动，当同学们在研究探索的过程中发现问题时，他们可以立刻通过查阅书籍和数字资源的形式，来解决问题。

  目前在园区，包括人工智能、生物医药、纳米技术等在内的科技领域备受关注，科技创新成为目前趋势。园区独墅湖图书馆在提供传统服务的同时，更要充分挖掘和发挥图书馆的现代职能，实现功能的拓展与延伸，比如引导读者由浅入深地进行探究性学习。在鼓励传统阅读之余，更要把园区独墅湖图书馆打造成能引发灵感和思考的空间，增强公众在这里主动学习与探究，让图书馆真正成为一处"启智"空间。

特邀案例

广西图书馆学会通过跨界合作开展生态科普活动

贾　莹（广西壮族自治区图书馆）

一、背景

2018年5月18日至19日，全国生态环境保护大会在北京召开。中共中央总书记、国家主席、中央军委主席习近平出席会议并发表重要讲话。他指出，生态文明建设是关系中华民族永续发展的根本大计，生态兴则文明兴，生态衰则文明衰。"绿水青山就是金山银山"的生态文明思想再次被提及，总书记的讲话为社会各界开展生态环境保护工作提出了指导方向。对于图书馆工作者而言，开展生态知识科普活动是公共图书馆社会教育职能的具体体现，是图书馆积极参与生态文明建设的重要方式。

然而，怎样有效开展生态科普活动，把生态文明建设真正落实到群众中，对广西图书馆学会而言，是不小的挑战。2018年，在广西科学技术协会的一场会议间隙，广西图书馆学会秘书长贾莹在与广西生态学学会罗应华博士的交流中，了解到：广西生态学学会拥有丰富的生态领域专家资源，但这一资源在开展社会教育方面没有被充分利用；而广西图书馆学会之下有全区各级各类图书馆会员单位，各会员单位都拥有庞大的读者群体，但是在开展生态科普工作方面缺乏好的资源。

根据以上实际情况，两家学会决定进行跨界合作，开展生态科普宣传活动。这一方式有助于克服两家学会在为社会提供文化服务过程中面临的一些复杂问题，可以充分整合两家学会拥有的资源优势，使整合后的资源发挥更大效用。

二、主要内容

广西图书馆学会和广西生态学学会合作的生态科普活动以2018年8月底

在广西壮族自治区图书馆举办的野生动物图片展为起点，先后在钦州市图书馆、钦州学院图书馆、河池市民族图书馆、贵港市图书馆、玉林市图书馆等广西区内图书馆举办巡回展览、讲座。随后，由中国生态学学会和广西生态学学会共同主办的中国生态文明科学大讲坛于 2018 年 9 月 22—23 日在南宁市举行，广西壮族自治区图书馆作为分会场之一，开展了面对普通公众的科普报告。从 2019 年 3 月开始，两家学会进行深度合作，举办自然科普大讲堂，广西生态学学会组建了由 27 家单位共 71 位专家组成的生态科普讲师团，每个月在广西壮族自治区图书馆开展一期科普知识讲座。

三、活动实施过程

（一）举办野生动物图片展和科普讲座，在区内图书馆形成科普宣传的联动效应

2018 年 8 月 25—31 日，由广西生态学学会、广西图书馆学会主办的"奇趣生灵——广西野生动物图片展"在广西壮族自治区图书馆一楼展出。该活动是广西生态学学会和广西图书馆学会的首次合作成果，也是广西生态学学会承办的"中国生态文明科学大讲坛"的预热活动。图片展主要聚焦野生动物保护问题，引发观众的深思，有助于推进生态文明理念的传播，提升民众环保素养，助推生态文明建设。展览照片共 120 幅，内容涉及多个野生动物类群，包括鸟类、灵长类、蛇类、蛙类、鱼类和昆虫等。这些图片都是拍摄者们翻山越岭跋涉到人迹罕至的地区，经过漫长的等待才捕捉到的野生动物画面。展出的照片旁边详细地列出了动物的学名、生活习性、拍摄地等信息，让观看者不仅仅停留在图片欣赏上，而且能了解这些珍稀动物的生存状况。种类丰富、色彩艳丽的动物照片一经展出，立即吸引了广大读者前来参观，媒体也进行了报道。展览结束后，广西图书馆学会把媒体报道发到了市级公共图书馆馆长群中，计划把优质的科普资源推向基层图书馆，形成科普宣传的联

图 1　小读者们留意到被拦鸟网勾住的鸟

动效应。计划得到了市级图书馆的积极响应，八家图书馆立即报名参加。

2018 年 10 月 1 日，"奇趣生灵——广西野生动物图片展"（区内巡展第一站）在河池市民族图书馆一楼大厅进行展览。

11 月 8 日，巡展在玉林市图书馆举行。11 月 9 日，在玉林市玉东小学举行主题为"走进自然　寻找快乐"的科普讲座，广西大学林学院生态学老师罗应华为孩子们上课，分享广西野生动物图片展的部分精彩图片，介绍拍摄过程中发生的趣事等，阐述自然教育的意义，带领大家体验一场自然之旅。此讲座于 11 月 10 日也在玉林市图书馆"玉图讲坛"上开讲。

11 月 22 日至 12 月 2 日，贵港市图书馆在广西图书馆学会和广西生态学学会支持下承办巡展（贵港站）活动。展览时间横跨两个周末，据不完全统计，有近 2000 人次参观了展览，大部分为家长带孩子观展。

图 2　在广西壮族自治区图书馆，野生动物图片展吸引了众多读者驻足欣赏

（二）承接中国生态文明科学大讲坛分会场

2018 年 9 月 22—23 日，中国生态文明科学大讲坛首次在南宁举行，广西图书馆学会协助开展中国生态文明科学大讲坛广西图书馆分会场活动。北京师范大学地理学部自然资源学院唐海萍教授带来了"世界之窗——北美荒漠"科普报告，从世界荒漠几种类型及分布、北美四大荒漠特点及优势动植物、走进美国四个荒漠国家公园等方面展开论述。广西弄岗国家级自然保护区管理局的王爱龙局长则从自己的工作经历出发，畅谈北热带喀斯特的"诺亚方舟"——

弄岗保护区，介绍了广西弄岗国家级自然保护区的概况、保护性工作及成效。

（三）定期举办"广西自然科普讲堂"

2018 年 11 月，广西生态学学会携手阿拉善 SEE 广西项目中心推出"广西自然科普讲堂"系列活动，该活动为常态化科普宣传活动。广西生态学学会还成立了由 27 家单位的 71 位专家组成的生态科普讲师团作为讲堂的师资支撑。广西图书馆学会将"广西自然科普讲堂"引入广西壮族自治区图书馆，每月举办 1 期，活动地点为广西壮族自治区图书馆地方文献中心二楼报告厅。

该科普讲堂以中小学生为主要受众，为了吸引学生并将生态保护的意识有效传递给他们，讲师团的讲师们精心挑选课堂内容，选取独特的视角，用心设计课堂形式，将严谨复杂的生态科学知识转化为浅显易懂的内容呈现给学生们。

图 3 徐健老师做题为"记录中国自然之美"的科普报告

例如，2019 年 2 月 23 日，讲堂邀请到资深野生动物摄影师徐健做题为"记录中国自然之美"的科普报告；3 月 23 日，又邀请广西弄岗国家级自然保护区管理局局长王爱龙做"中国最美喀斯特森林的故事"报告。由于遴选的每一位专家的报告都精彩有趣，深受听众喜爱，讲堂逐渐积累了稳定的受众群。其中徐健的报告报名链接点击数达到 2188，王爱龙的报告报名链接点击数为 1960。4 月 27 日，海口畓蒂湿地研究所所长卢刚做题为"椰风海韵之外的缤纷自然——你所不知的海南生物多样性"的报告，介绍海南省的生物多样性。本次讲座限额 200 名观众参加，和前两期报告一样，报名链接公开后，短短 1 天内就报满了人数。

四、活动反响

以往的图书馆活动多为书画展、读书会，形式和内容比较单一，而通过跨部门合作邀请专门的行业组织到馆举办活动，尤其是配合目前生态环境保护趋势的活动，是目前比较新颖的形式。广西图书馆学会和广西生态学学会将"坚持人与自然和谐共生，推进新时代生态文明建设"的观点以图片展览和讲座的形式传达给读者，获得了广泛认可。

以下是相关生态科普活动中，部分区内媒体的报道：

1. 南宁新闻网—南宁晚报于 2018 年 8 月 26 日报道《奇趣生灵 野生动物图片展将在广西图书馆展出至月底》；

2. 玉林新闻网—玉林日报于 2018 年 11 月 12 日报道《"中国生态文明科学大讲坛"走进玉林》；

3. 新河池客户端于 2018 年 10 月 14 日报道《第 70 期"红水河讲坛"开讲！市图书馆分享野生动物拍摄趣事》；

4.《南国早报》于 2018 年 9 月 24 日在 A108 版报道《中国生态文明科学大讲坛在邕举行》。

活动也在市民中引发了讨论和深思。钦州市图书馆的读者欣赏野生动物图片展后，感慨"孕育人类的大自然，有趣，灵动，美到令人窒息……"也有人感叹正因为"人类受到的自然教育缺乏"，所以才"造成不少伤害、破坏自然环境的行为"发生。

图 4　读者观展、听讲座后发表在朋友圈的感想

五、分析与总结

广西图书馆学会和广西生态学

学会跨界合作，有助于加强大众对野生动物生存困境的认识，使大众更加重视生态保护，积极参与到生态建设和生物多样性保护工作中来，是践行建设"美丽广西""美丽中国"和生态文明的体现。广西图书馆学会此次跨界合作开展活动的经验可以总结为三点：

（一）主动挖掘跨学科资源，以合作共赢促进发展

广西图书馆学会肩负着指导会员单位开展活动的使命，开展活动就需要掌握优质资源推介给会员单位。广西图书馆学会和许多其他不同学科的社会组织都归属科协业务指导，广西图书馆学会充分利用这一便利条件，主动接洽拥有优质资源的组织，抛出合作的"橄榄枝"。广西生态学学会此前并未组织过比较有影响力的活动，与广西图书馆学会合作举办展览和讲座之后，迅速吸引了众多关注；而图书馆以独特的视角入手，引入兼具趣味性和科普性的活动，也收获了众多读者的认可，提升了图书馆文化服务的能力。

（二）通过示范引领作用，以点带面，全面铺开

广西野生动物图片展首先在广西壮族自治区图书馆展出，吸引了众多读者观展，引发热议，在读者中树立起了良好的口碑。随后，我们通过示范引领把这一模式推广出去，先后有八家公共图书馆举办了图片展和专家讲座，引起更多公共图书馆的关注，他们也纷纷要求将生态科普展览和专家讲座等现场活动引入本馆，将科普知识惠及更广大的读者。图书馆的联动效应也使这一系列生态科普宣传活动逐渐形成品牌。

（三）不断创新活动形式，增强活动效果

当精美的野生动物图片展逐渐受到读者认可后，我们没有满足。我们想到，生动有趣的讲座可能比图片展更能加深人们对生态环境的认知，科普效果更佳。因而，我们充分发挥广西生态学学会生态科普讲师团的资源优势，定期在广西壮族自治区图书馆开设广西自然科普讲堂，面向中小学生以讲座形式开展科普活动。大讲堂的课程内容都是经过认真筛选的，用心设计课堂形式，使科普知识更易于被6岁以上的受众接受。科普讲堂获得认可，场场听众爆满，这也说明，图书馆活动形式的创新能够增强活动效果，更好地发挥出图书馆社会教育的职能。

附录1 第一届科普阅读推广案例
征集活动获奖名单

序号	选送单位	案例名称	获奖等级
1	首都图书馆	立足科普　传承乡土——北京历史文化科普讲座十年推广路	一等奖
2	金陵图书馆	"I·金图"助推科普数字阅读	一等奖
3	广州少年儿童图书馆	"体验"+"互动"快乐科普	一等奖
4	贵阳市乌当区图书馆	给你一个不一样的紫甘蓝	二等奖
5	北京市西城区第一图书馆	打造宜居社区，引领绿色生活方式	二等奖
6	长春医学高等专科学校图书馆	生命科学馆里"书"与"标本"的互动	二等奖
7	嘉兴市图书馆	"让每一位孩子成为小小科学家"	三等奖
8	宁波市鄞州区图书馆	明州大讲堂	三等奖
9	天津市河西区少年儿童图书馆	强化安全意识　提高避险能力	三等奖
10	太仓市图书馆	"哇哦"科学实验室	三等奖
11	张家港市图书馆	搭建科技工作者之家平台，大力开展科普阅读推广工作	三等奖
12	深圳市宝安区图书馆	"阳光阅读计划——读百科·看世界"少儿科普阅读推广活动	三等奖
13	柳州市图书馆	争做科普小能手	三等奖
14	深圳大学图书馆	科普阅读推广品牌《科技新知》的建设模式	三等奖
15	西安市长安区图书馆	"手拉手"少儿科普阅读推广	三等奖
16	温州市图书馆	亲子安全科普阅读推广	优秀奖
17	秦皇岛图书馆	快乐度暑假　书海任你游	优秀奖
18	沧州市图书馆	图书馆与科协合作共同推广科普阅读	优秀奖

序号	选送单位	案例名称	获奖等级
19	天津市和平区少年儿童图书馆	"小雨点滋润流动花朵项目"	优秀奖
20	北京市西城区青少年儿童图书馆	"创新科技 开启梦想"科普知识宣传活动	优秀奖
21	苏州工业园区独墅湖图书馆	智造梦想	优秀奖
22	南京中医药大学图书馆	"大手牵小手、我带娃娃学中医"阅读推广活动	优秀奖
23	佛山市图书馆	科普阅读推广系列活动	优秀奖
24	北京市西城区第一图书馆	外来务工青年数字资源推广活动	优秀奖

附录2 第二届科普阅读推广案例
征集活动获奖名单

序号	获奖单位	获奖案例	获奖等级
1	北京市通州区图书馆	科技星期天	一等奖
2	上海浦东图书馆	数字阅读空间里的科普实践项目	一等奖
3	中国科学院文献情报中心	古书中挖掘古人成就 互动中读出古人智慧	一等奖
4	张家港市图书馆	"奇妙的图书馆"科普驿站	一等奖
5	深圳市宝安区图书馆	创想汇	一等奖
6	广州图书馆	身边的科学	一等奖
7	青州市图书馆	青松鼠科普书院	二等奖
8	宁波市图书馆	大山雀自然学堂	二等奖
9	秦皇岛市图书馆	微信科普	二等奖
10	长沙市图书馆	科学试验站	二等奖
11	湖北省图书馆	同一个地球	二等奖
12	沧州市图书馆	打造多元文化空间 全方位推广科普阅读	二等奖
13	太仓市图书馆	创意空间站	三等奖
14	新疆农业大学图书馆	扶志、扶智助推新疆南疆贫困地区脱贫	三等奖
15	长春市图书馆	长图创客集市构建科普阅读生态群落	三等奖
16	镇江市图书馆	共建创新基地培育未来创客	三等奖
17	衡阳市珠晖区图书馆	乡村留守儿童科普阅读推广活动	三等奖
18	金陵图书馆	金陵图书馆科普联盟	三等奖
19	石家庄市图书馆	挖掘馆藏深度 拓展活动广度	三等奖
20	苏州工业园区图书馆	以阅读构建孩子的科学世界	三等奖
21	湖南省图书馆学会		组织奖

后　记

　　近年来，在全社会大力倡导全民阅读的背景下，我国各级各类图书馆积极开展了丰富多彩的阅读推广活动，科普阅读推广是其中重要的内容。为倡导科普阅读推广新理念，交流、分享科普阅读推广的好经验，提升服务效能与水平，在中国图书馆学会阅读推广委员会指导下，2016—2018年科普阅读推广专业委员会开展了第一届、第二届科普阅读推广案例征集工作。两次征集活动共收到来自全国公共图书馆、学校图书馆的案例近200个，经专家委员会评审，最终评出40多个创新性强、推广度高的优秀案例。在案例征集过程中，湖南省图书馆学会组织报送了20个科普阅读推广案例。感谢湖南省图书馆学会对科普阅读推广案例征集工作的重视和支持。

　　本书共收录43个科普阅读推广案例，其中42个选自上述两届科普阅读推广获奖案例，另有一个广西图书馆学会通过跨界合作开展生态科普活动的案例虽未参与征集，但是很契合本书旨趣，富有创意和可推广性，故作为特邀案例选入。这些典型案例深入细致地介绍了开展科普阅读推广活动的背景、设计思路、创意亮点、具体做法和效果，可供图书馆、社会机构学习借鉴。

　　本书编写工作持续半年之久，案例的结集出版不仅凝聚着编者的辛劳，更记录了图书馆界在科普阅读推广领域所做出的贡献。本书还得到了中国图书馆学会阅读推广委员会专家的悉心指导，在此表示衷心感谢。感谢国家图书馆出版社的邓咏秋编审的鼎力相助，使本书更加精彩。

　　由于编写时间仓促、水平经验有限，书中难免会有一些不足之处，敬请批评指正！

穆红梅

2019年5月